Warum
Antworten auf kuriose Kinderfragen
wackelt Wackelpudding?

Projektleitung: Michaela Raßloff

Redaktion: Ingrid Peia, Michaela Raßloff, Sabine Steinem

Autoren: Antje Kleinelümern-Depping, Ingrid Peia

Bildredaktion: Sonja Rudowicz

Layout, Bildbearbeitung und Satz: Tecklenborg Media, Rheda-Wiedenbrück

Illustrationen, Musterlayout und Bildbearbeitung: Jo Pelle Küker-Bünermann

Einbandgestaltung: Faktor Zwo!, Günter Pawlak, Bielefeld

Herstellung: Marcel Hellmund

Das Werk und seine Teile sind urheberrechtlich geschützt. Jede Nutzung in anderen als den gesetzlich zugelassenen Fällen bedarf einer schriftlichen Einwilligung des Verlages. Hinweis zu § 52 a UrhG: Weder das Werk noch seine Teile dürfen ohne eine solche Einwilligung eingescannt und in ein Netzwerk gestellt werden. Dies gilt auch für die Intranets von Schulen und sonstigen Bildungseinrichtungen.

© wissenmedia in der inmediaONE] GmbH, Gütersloh/München, 2012
Alle Rechte vorbehalten – Printed in Slovenia

ISBN 978-3-577-07464-3

www.wissenmedia.de

Warum

Antworten auf kuriose Kinderfragen

wackelt Wackelpudding?

Inhalt

Mein verrückter Körper

Sehen & Hören	8
Riechen & Schmecken	10
Vorsicht, kitzelig!	12
Schlafen & Träumen	14
Körpergeräusche	16
Autsch!	18
Weinen & Lachen	20
Pipi, Schnodder & so	22
Angst	24

Essen & Trinken

Essgewohnheiten	28
Süßes	30
Knabberzeug	32
Eier	34
Käse	36
Brot	38
Obst & Gemüse	40
Getränke	42

Der Natur auf der Spur

Pflanzen	46
Krabbeltiere	48
Vögel	50
Bienen	52
Kühe	54
Schweine	56
Schafe	58
Ziegen	60
Eichhörnchen	62
Fische	64

Erstaunliche Wissenschaft

Wasser	68
Farben	70
Luft & Gase	72
Warm & kalt	74
Tag & Nacht	76
Laut & leise	78
Schwerkraft	80
Spiegelbilder	82
Zeit & Uhrzeit	84
Zählen & Messen	86

Einmal um die Erde

Unser Planet	90
Von Nord nach Süd	92
Stein auf Stein	94
Länder der Welt	96
Sprachen	98
Musik	100
Bräuche	102
Märchen & Sagen	104
Sprichwörter	106

Rätsel des Alltags

Kleidung	110
Spielzeug	112
Stifte & Papier	114
Klebriges	116
In der Küche	118
Seife	120
Erfindungen	122
Materialien	124
Register	126
Abbildungsnachweis	128

Mein verrückter Körper

Wieso stinken manche Pupser so?

Weshalb haben Opas so große Ohren?

Warum kann ich mich nicht selber kitzeln?

Kann der Muskelkater schnurren?

Sehen & Hören

Warum habe ich zwei Augen und zwei Ohren?

Wir haben zwei Augen, weil wir sonst nicht räumlich sehen könnten. Wir wüssten dann nicht, wie weit ein Gegenstand von uns entfernt ist. Und nur weil wir zwei Ohren haben, können wir räumlich hören und somit die Richtung feststellen, aus der ein Geräusch kommt. Mund und Nase dagegen haben wir nur einmal.

Wusstest du …

 dass das menschliche Auge drei verschiedene Farben erkennt: Rot, Blau und Grün? Alle anderen Farben werden durch Mischung aus diesen drei Farbtönen erzeugt.

 dass du deine Nasenspitze sehen kannst, wenn du richtig schön schielst?

 dass die Ohrmuschel wie ein Trichter die Geräusche aus deiner Umwelt aufnimmt und sie über den Gehörgang zum Trommelfell weiterleitet?

Weshalb haben Opas so große Ohren?

Ohren bestehen zu einem großen Teil aus Knorpel. Forscher haben herausgefunden, dass Knorpel immer weiter wächst. Ohren werden also wirklich im Laufe der Zeit größer. Wenn man älter wird, verliert die Haut zudem ihre Festigkeit. Auch an den Ohren leiert sie leicht aus. Dadurch wirken die Ohren noch etwas größer.

Wieso können manche Menschen schlecht sehen?

Unsere Augen haben die Form einer kleinen Kugel. Deshalb spricht man auch vom »Augapfel«. Bei vielen Menschen, die nicht gut sehen können, ist der Augapfel zu kurz oder zu lang. Kann man in der Nähe schlecht sehen, ist der Augapfel häufig zu kurz. Man ist weitsichtig. Bei anderen ist der Augapfel zu lang. Dann hat man Mühe, in der Ferne scharf zu sehen. Diese Menschen sind kurzsichtig. Auch Kinder können solche Sehfehler haben. Alles kein Problem – es gibt ja Brillen!

Riechen & Schmecken

Warum ist Schokolade süß?

Unsere Zunge hat viele winzig kleine Erhöhungen, die sogenannten Geschmacksknospen. Mit ihnen können wir vier Geschmacksrichtungen unterscheiden: süß, salzig, sauer und bitter. Die Zungenspitze ist besonders empfindsam für süß. Salzig und sauer wird von den Zungenrändern erkannt, und bitter vom hinteren Zungenteil. Deshalb merken wir oft erst beim Herunterschlucken, wenn etwas bitter ist. Weil Schokolade viel Zucker enthält, sagt uns unsere Zunge: Hm, das schmeckt aber süß! Übrigens: Kinder schmecken Süßes stärker als Erwachsene. Darum tun Ältere oft mehr Zucker in den Tee als Jüngere.

Wieso sitzt meine Nase mitten im Gesicht?

Durch die Nase atmen wir nicht nur ein und aus, wir nehmen mit ihr auch Gerüche wahr. Deine Nase und dein Geruchssinn warnen dich vor verdorbenen Speisen oder vor einem Brand. Das kann die Nase aber nur, wenn sie ungehindert riechen kann. Darum sitzt sie weit oben am Körper an einer unbedeckten Stelle.

Wusstest du ...

- dass mit verschnupfter oder zugehaltener Nase alles nach nichts schmeckt?
- dass die Nase bei großer Kälte auch ohne Schnupfen läuft?
- dass die »Geschmacksknospen« auf unserer Zunge unter dem Mikroskop wirklich wie kleine Knospen aussehen?
- dass sich der Bittergeschmack entwickelt hat, um uns vor giftiger Nahrung zu warnen?

Macht sauer wirklich lustig?

Beißt du in eine Zitrone, machen sich wahrscheinlich die anderen über dich lustig. Weil du dann eine tolle Grimasse ziehst! Was ist also dran an dem Sprichwort? Sauer macht Lust auf Essen, weil dir davon das Wasser im Mund zusammenläuft. Früher meinte das Wort »lustig« eher »gelüstig« (Lust auf mehr).

Vorsicht, kitzelig!

Warum kann ich mich nicht selber kitzeln?

Die Überraschung fehlt! Kitzeln ist nur lustig, wenn es unerwartet kommt. Wenn du dich selber kitzelst, berechnet dein Gehirn schon im Voraus den Zeitpunkt dieser Berührung. Und es kitzelt nicht. Das ist auch gut so. Denn sonst kämst du bei jeder flüchtigen Berührung aus dem Lachen gar nicht mehr heraus.

Wusstest du ...

- dass wir meist nur kitzelig sind, wenn wir den Menschen, der uns kitzelt, auch mögen?
- dass wir vor allem an den Stellen kitzelig sind, an denen wir leicht verletzlich sind: unter den Achseln, an den Fußsohlen und am Bauch?
- dass kitzelige Eltern oft auch kitzelige Kinder haben?
- dass bei einem Lachanfall fast 300 verschiedene Muskeln beteiligt sind?

Sind Tiere auch kitzelig?

Viele Tiere sind kitzelig. Hunde zum Beispiel sind oft am Bauch und unter den Pfoten kitzelig. Auch Katzen können ganz schön kitzelig sein! Manche Tiere lachen sogar. Wenn Schimpansen gekitzelt werden oder einfach nur Spaß haben, bekommen sie richtige Kicheranfälle. Auch Ratten lachen, wenn man sie am Körper kitzelt.

Wieso bin ich gerade unter den Füßen so kitzelig?

Hier sind die meisten Menschen besonders kitzelig. Das liegt daran, dass von den Füßen sehr viele Nervenbahnen ins Gehirn laufen. Diese Nervenbahnen funktionieren ähnlich wie eine Telefonleitung und melden jede kleinste Berührung. Auch in den Fingern enden besonders viele Nervenbahnen. Doch weil die Hände jeden Tag unzählig viele Dinge berühren, sind sie nicht so empfindlich wie die Fußsohlen. Würdest du häufiger barfuß gehen, wären deine Füße auch nicht mehr so schön kitzelig.

Schlafen & Träumen

Warum muss ich immer so früh ins Bett?

Immer wenn es am schönsten ist, muss man schlafen gehen. Ist doch wirklich ungerecht! Doch bedenke: Schlafen ist lebensnotwendig. Im Schlaf erholen sich Körper und Gehirn. Zu wenig Schlaf macht Menschen krank. Und Kinder brauchen mehr Schlaf als Erwachsene, damit sie wachsen und lernen können.

Wusstest du …

- dass wahrscheinlich auch Tiere träumen? Manchmal bewegen etwa Katzen ihre Pfoten im Schlaf so, als würden sie Mäuse jagen.
- dass wir rund ein Drittel unseres Lebens verschlafen?
- dass es Menschen gibt, die nachts schlafend durch die Gegend irren? Man nennt sie Schlafwandler.
- dass ältere Menschen häufiger schnarchen als jüngere?

Ist Gähnen wirklich ansteckend?

Wenn man müde ist, arbeitet das Herz schwächer und alle Organe werden schlechter mit Sauerstoff versorgt. Dann gibt das Gehirn den Befehl zum Gähnen: Einmal tief Luft holen! So kommt wieder mehr Sauerstoff in den Körper und damit auch ins Gehirn. Und ob Gähnen ansteckend ist, kannst du nun selber testen!

Wieso träume ich nicht jede Nacht?

Du träumst jede Nacht. Doch du kannst dich nicht an all deine Träume erinnern. Träume werden im Gedächtnis fast immer nur kurz gespeichert. Sie werden schnell wieder vergessen. Es ist auch gut so, dass wir die meisten Träume wieder vergessen. Stell dir vor, du könntest dich an deine Träume genauso gut erinnern wie an Dinge, die du am Tag erlebst. Dann gäbe es in deinem Kopf ein schönes Chaos! Du wüsstest nicht, ob du etwas geträumt oder wirklich erlebt hast.

Körpergeräusche

Wie geht mein Schluckauf wieder weg?

Hicks! Ein Schluckauf kann ganz schön lästig werden. Meist hört er aber genauso plötzlich wieder auf, wie er begonnen hat. Oft verschwindet er, wenn man einfach gar nicht mehr an ihn denkt. Es kann auch helfen, die Luft anzuhalten oder sich zu überlegen, was man vorgestern so alles gegessen hat.

Weshalb stinken manche Pupser so?

Manche Pupser riechen gar nicht. Andere sind dagegen wahre Stinkbomben! Sie bestehen nicht nur aus verschluckter Luft, sondern auch aus vielen übelriechenden Gasen. Diese haben sich bei der Verdauung gebildet. Besonders viele stinkige Pupser gibst du von dir, wenn du zum Beispiel Kohl, Bohnen, Erbsen oder frisches Brot gegessen hast. Diese Speisen sind schwer verdaulich. Da solltest du zum Pupsen doch lieber auf die Toilette gehen!

Wusstest du …

 dass besonders viel Luft in deinen Bauch kommt, wenn du hastig isst oder Getränke mit Kohlensäure trinkst?

 dass bei einem Rülpser Luft durch die Speiseröhre nach oben steigt? Der Luftstrom bringt die Stimmbänder zum Schwingen. Und da ist er, der »Ööörp«.

 dass Pupsen ganz normal ist? Acht bis zehn Pupser muss jeder Mensch pro Tag loswerden.

Warum ist Rülpsen peinlich?

Wenn du beim Essen und Trinken ganz viel Luft schluckst, kann ein Rülpser entstehen. Babys sollen sogar nach einer Mahlzeit ein »Bäuerchen« machen. Sie werden dafür auch noch gelobt! Bei Älteren gilt das dagegen als unanständig. Besser, du stößt nur ganz leise und mit geschlossenem Mund auf.

Autsch!

Wieso kennen Indianer keinen Schmerz?

Wer hat diesen Satz nicht schon einmal gehört. Aber er stimmt gar nicht! Natürlich kennen Indianer auch Schmerzen. Und das ist auch gut so, denn Schmerzen sind ganz wichtig. Wenn du dich zum Beispiel am Bein verletzt, schlägt die Haut an dieser Stelle Alarm. Und schützt das Bein damit vor weiteren Wunden.

Wusstest du ...

- dass du seltener einen Muskelkater bekommst, wenn du regelmäßig Sport treibst?
- dass unser Körper starke Schmerzen nicht so schnell wieder vergisst?
- dass man eine Wunde erst ein paar Minuten ausbluten lassen sollte, bevor man ein Pflaster draufklebt?
- dass man zwischen Eis und Beule immer ein Tuch legen soll, da die Haut sonst erfrieren kann?

Kann der Muskelkater schnurren?

Nein, der tut nur weh! Und er zeigt dir an, dass du deine Muskeln überanstrengt hast. Das passiert zum Beispiel, wenn du im Winter nach langer Zeit mal wieder Ski läufst. Deine Muskeln kennen diese Bewegungen nicht mehr und schmerzen am nächsten Morgen. Nach wenigen Tagen verschwindet dieser Kater.

Warum kriege ich nur am Kopf eine Beule?

Wenn du dich am Arm oder Bein stößt, bekommst du häufig einen blauen Fleck. Haust du dagegen mit dem Kopf gegen die Tischplatte, bildet sich am Kopf meist eine beeindruckende Beule. Die Haut liegt an dieser Stelle direkt auf dem Schädelknochen. Darum hat das Blut keinen Platz abzufließen und es bildet sich hier eine dicke Schwellung unter der Haut. Nun ist es ganz wichtig, die verletzte Stelle zu kühlen. Dann wird die Beule umso schneller wieder verschwinden.

Weinen & Lachen

Wieso weint man beim Zwiebelschneiden?

Zwiebeln enthalten besondere Öle, die beim Zerschneiden entweichen und einem in die Augen spritzen. Diese Öle reizen unsere Schleimhäute und lassen die Augen tränen. Was kann man dagegen tun? Man kann Zwiebeln zum Beispiel unter fließendem Wasser schneiden oder einfach eine Taucherbrille aufsetzen!

Warum schmecken Tränen salzig?

Tränen schmecken salzig, weil in der Tränenflüssigkeit tatsächlich ganz kleine Mengen von Salz enthalten sind. Weißt du eigentlich, dass man Tränen nicht nur zum Weinen braucht? Wir haben immer Tränen in den Augen. Die Tränenflüssigkeit reinigt das Auge und schützt es vor dem Austrocknen.

Wusstest du …

- dass man vom vielen Lachen Bauchweh bekommen kann, weil sich die Muskeln im Bauch so stark anspannen?
- dass uns die Fähigkeit zu lachen angeboren ist?
- dass nicht nur Zwiebeln, sondern auch Meerrettich, Knoblauch, Porree und Bärlauch schwefelhaltige Öle enthalten?
- dass man manchmal auch über sich selbst lachen kann?

Weshalb ist Lachen ansteckend?

Lachen ist deshalb ansteckend, weil es ein sehr alter Reflex ist. Reflexe sind Verhaltensweisen, die ein Mensch zum Überleben braucht. Viele Reflexe sind angeboren. Schon Babys lachen, wenn sie angelacht werden. Brauchen wir das Lachen denn zum Überleben? Früher, als die Menschen noch keine Sprache hatten, war es wirklich überlebenswichtig. So konnten die Steinzeitmenschen etwa durch Lachen ausdrücken: »Ich tue dir nichts, also tu du mir auch nichts.«

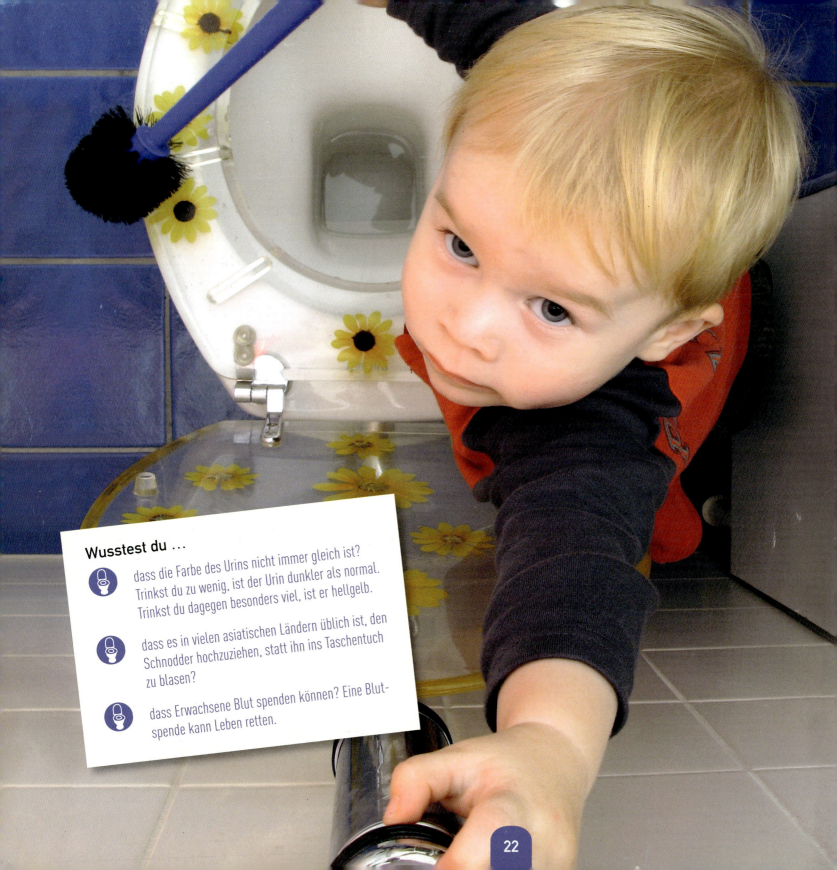

Wusstest du …

- dass die Farbe des Urins nicht immer gleich ist? Trinkst du zu wenig, ist der Urin dunkler als normal. Trinkst du dagegen besonders viel, ist er hellgelb.

- dass es in vielen asiatischen Ländern üblich ist, den Schnodder hochzuziehen, statt ihn ins Taschentuch zu blasen?

- dass Erwachsene Blut spenden können? Eine Blutspende kann Leben retten.

Pipi, Schnodder & so

Warum ist Pipi gelb?

Egal was du trinkst: Am Ende ist alles gelb! Das liegt daran, dass dein Körper etwa den Kakao nicht als Kakao ausscheidet. Wertvolle Stoffe behält er. Nur der Rest kommt mit dem Pipi – oder Urin, wie es richtig heißt – wieder heraus. Seine Farbe erhält Urin durch Farbstoffe aus der Galle. Wo die Galle ist? In deinem Bauch!

Wieso kommt Schnodder aus meiner Nase?

Wenn du erkältet bist, läuft sehr viel »Schnodder« aus deiner Nase. Dieser Schleim wird in der Nase gebildet. Man sagt dann, die Nase läuft. Richtig laufen kann sie natürlich nicht, denn sie ist ja festgewachsen. Aber damit will die Nase die fiesen Krankheitserreger fortspülen.

Warum ist Blut rot, Schorf aber braun?

In deinem Blut gibt es rote Blutkörperchen. Sie enthalten sehr viel Eisen und geben ihm seine rote Farbe. Hast du schon einmal beobachtet, was mit einem Eisennagel passiert, der lange Zeit draußen liegt? Er rostet! Das Gleiche passiert mit deinem Blut, wenn es an der Luft trocknet und zu Schorf wird. Es wird so braun wie der verrostete Nagel.

Angst

Bin ich ein Angsthase?

Jeder Mensch hat auch manchmal Angst. Bestimmte Ängste sind sogar lebensnotwendig. Denn Angst schützt uns vor Gefahren. Wahrscheinlich ist jeder schon mal Angsthase genannt worden. Und weißt du was? Der Hase ist gar kein Angsthase. Im Gegenteil! Er ist ein schlaues Fluchttier.

Wieso ist es im Dunkeln so unheimlich?

Viele Kinder fürchten sich im Dunkeln. Nun sind die Gegenstände nicht mehr gut zu erkennen. Alles sieht so unheimlich aus. Da steht doch nicht der Schrank – das ist bestimmt ein böser Wolf! Oft macht uns das am meisten Angst, was wir uns selbst ausgedacht haben. Ein Nachtlicht nimmt dir die Angst vor der Dunkelheit.

Warum pocht mein Herz vor Angst ganz laut?

Dein Freund kommt mit seinem Fahrrad direkt auf dich zugefahren. Sieht er dich etwa nicht? Sofort schlägt dein Herz schneller und pumpt mehr Blut durch die Adern. Dadurch hörst du es lauter schlagen. Auch dein Atem wird schneller und du fängst an zu schwitzen. Schuld daran ist der Angstreflex. Er sorgt dafür, dass du in kürzester Zeit ganz stark und sehr schnell bist. Jetzt kannst du zum Beispiel ganz schnell zur Seite springen. Ganz automatisch, ohne groß darüber nachzudenken.

Wusstest du …

- dass die Angst meist sofort viel kleiner wird, wenn man den Mut hat, Freunden oder den Eltern von ihr zu erzählen?
- dass schon Steinzeitmenschen den Angstreflex hatten, zum Beispiel beim Anblick eines gefährlichen Tieres?
- dass Menschen vor den unterschiedlichsten Dingen Angst haben, sogar vor Katzen, Clowns oder der Zahl 13?

Essen & Trinken

Wieso stinkt Stinkekäse?

Warum ist die Banane krumm?

Wie kommen die Perlen in die Limo?

Kommen braune Eier von braunen Hühnern?

Wieso isst man den Pudding erst zum Schluss?

Essgewohnheiten

Warum kann ich nicht nur das essen, was ich mag?

Würdest du dann etwa jeden Tag Pommes, Pizza und Gummibärchen essen? Dann würdest du dich oft schlapp und müde fühlen und häufig krank werden. Um gesund zu bleiben, solltest du dich möglichst abwechslungsreich ernähren. Zu einer gesunden Ernährung gehören vor allem Obst und Gemüse, Milchprodukte und Getreide, zum Beispiel Brot und Müsli. Eine gesunde Ernährung ist wichtig für deinen Körper und hält dich gleichzeitig fit. So hast Du jeden Tag Energie für alles, was du tun möchtest.

Wieso isst man den Pudding immer erst zum Schluss?

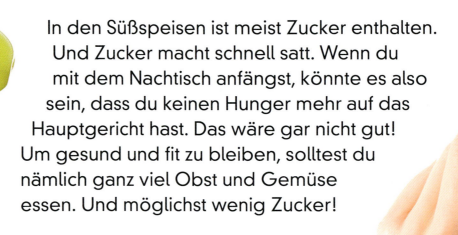

In den Süßspeisen ist meist Zucker enthalten. Und Zucker macht schnell satt. Wenn du mit dem Nachtisch anfängst, könnte es also sein, dass du keinen Hunger mehr auf das Hauptgericht hast. Das wäre gar nicht gut! Um gesund und fit zu bleiben, solltest du nämlich ganz viel Obst und Gemüse essen. Und möglichst wenig Zucker!

Warum essen Chinesen mit Stäbchen?

Chinesische Kinder würden bestimmt fragen: Wieso essen Europäer mit Messer und Gabel? Chinesen finden das Essen mit Stäbchen einfach praktischer. Sie haben die Stäbchen schon vor langer Zeit erfunden. Damals haben noch alle anderen Menschen einfach mit den Händen gegessen.

Wusstest du ...

- dass in China alle Speisen schon kleingeschnitten serviert werden? Darum braucht man zum Essen kein Messer.
- dass es auch süße Hauptgerichte gibt, zum Beispiel Kaiserschmarrn oder Milchreis?
- dass in Indien und vielen afrikanischen Ländern mit den Händen gegessen wird?
- dass jeder Mensch einen ganz eigenen Geschmack hat?

Süßes

Warum wackelt Wackelpudding?

Weil Gelatine drin ist! Gelatine wird aus gekochten Knochen, Häuten und Sehnen von Tieren hergestellt. Gelatine macht nicht nur den Wackelpudding so schön wackelig. Sie ist auch in vielen anderen Lebensmitteln enthalten. Dank ihr lassen sich Gummibärchen biegen und Lakritzschnecken auseinanderwickeln.

Wie kommt das Eis an den Stiel?

Der Holzstiel kommt in das Eis, bevor es gefroren ist. Das kannst du selber ausprobieren: Nimm deinen Lieblingsjoghurt und schieb einfach einen Stiel durch den Deckel in den Joghurt hinein. Nun stellst du den Joghurt über Nacht in das Gefrierfach eures Kühlschranks. Fertig ist ein leckeres (Joghurt-)Eis am Stiel. Auch aus Fruchtsäften kannst du ganz leicht Eis zaubern. Einfach Fruchtsaft in eine Eisform füllen, anfrieren, Stiel hineinstecken, gefrieren – fertig!

Wird Kaugummi aus Gummi gemacht?

Früher wurde Kaugummi tatsächlich aus Gummi hergestellt. Es bestand aus dem milchig-weißen Saft eines Baumes, der im Dschungel von Mittelamerika wächst. Lässt man den Baumsaft hart werden, erhält man einen natürlichen Gummi zum Kauen. Heute wird die Kaumasse aber meist künstlich hergestellt.

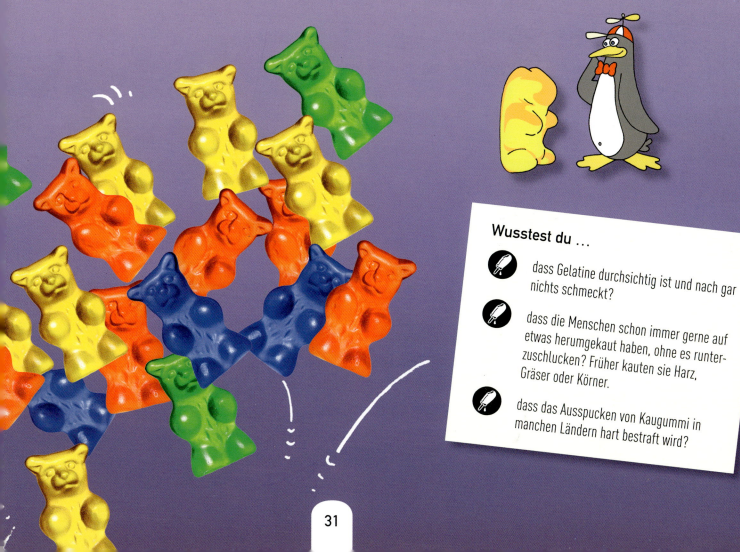

Wusstest du …

- dass Gelatine durchsichtig ist und nach gar nichts schmeckt?
- dass die Menschen schon immer gerne auf etwas herumgekaut haben, ohne es runterzuschlucken? Früher kauten sie Harz, Gräser oder Körner.
- dass das Ausspucken von Kaugummi in manchen Ländern hart bestraft wird?

Knabberzeug

Wie kommt die Erdnuss in die Flips?

Die Erdnüsse kommen erst ziemlich spät in die Flips. Zuerst muss man einen Maisteig herstellen. Der wird auch schon »flipsig« geformt. Auf diese Flips, die noch gar nicht nach Erdnussflips schmecken, kommt dann eine Sauce aus Erdnüssen und Erdnussöl. Und fertig sind die Erdnussflips!

Warum kann Popcorn springen?

Plopp, plopp, plopp. Bereitest du Popcorn zu, springen die Maiskörner nach einiger Zeit lustig durch die Gegend. Das liegt daran, dass sich beim Erhitzen das Wasser in den Maiskörnern ausdehnt. Nach einigen Minuten hat das Wasser keinen Platz mehr und die harte Schale hält dem Druck nicht mehr stand: Sie platzt auf. Jetzt springen die Maiskörner wild in der Popcornmaschine oder in eurem Topf herum. Heb nur nicht zu früh den Deckel, denn dann fliegen dir die Maiskörner um die Ohren!

Wie kommt das Salz auf die Salzstange?

Zu Hause benutzt du zum Salzen bestimmt einen Salzstreuer. Auch in den Fabriken, in denen Salzstangen hergestellt werden, gibt es riesige Salzstreuer. Diese streuen die Salzkörner auf den noch nassen Salzstangenteig: So bleiben die Salzkörnchen an den Stangen haften. Erst jetzt werden die Stangen in einem riesigen Ofen gebacken.

Wusstest du …

 dass es ungesalzenes, gesalzenes und gezuckertes Popcorn gibt? In Amerika wird Popcorn oft mit geschmolzener Butter serviert.

 dass in den Kinos häufig »Popcornfilme« laufen? So nennt man auch Filme, die die Zuschauer unterhalten, aber nicht zum Nachdenken anregen.

 dass sich Sandkuchen (der aus dem Sandkasten!) aus feuchtem Sand besser formen lässt und er viel länger hält?

Eier

Wieso werden Eier beim Kochen hart, Nudeln aber weich?

In Lebensmitteln findest du ganz unterschiedliche Inhaltsstoffe. Nudeln, Reis und Kartoffeln enthalten zum Beispiel Stärke. Beim Erhitzen nimmt die Stärke viel Wasser auf, sie quillt. Darum werden stärkehaltige Lebensmittel beim Kochen weich: so wie ein harter Schwamm, der erst unter Wasser weich wird. Eier bestehen zu einem großen Teil aus Proteinen (Eiweißen). Diese verändern bei Hitze ihre Gestalt. Beim Kochen gerinnt das Ei und wird schließlich hart.

Wusstest du …

- dass in einem Glas mit Wasser alte Eier oben schwimmen, frische Eier aber zu Boden sinken?
- dass man Eier vor dem Kochen anpiekst, damit die im Ei enthaltene Luft entweichen kann?
- dass Eier früher auch als Zahlungsmittel benutzt wurden?
- dass ein Huhn im Jahr bis zu 300 Eier legen kann?

Kommen braune Eier von braunen Hühnern?

Und weiße Hühner legen nur weiße Eier? Nein, die Farbe des Gefieders bestimmt nicht die Farbe der Eierschale. Diese wird von den Genen beeinflusst. Schau dir mal genau die Ohren der erwachsenen Hühner an: Sind sie braun oder rot, legen die Hühner braune Eier. Sind sie dagegen weiß, legen die Hühner meistens auch weiße Eier.

Warum ist Luft im Hühnerei?

So eine Eierschale sieht ganz dicht aus – ist sie aber nicht! Denn ein Küken braucht Luft zum Atmen. Darum ist die Schale übersät mit vielen kleinen Poren. Durch diese strömt Luft in das Innere des Eis. Am stumpfen Ende des Eis bildet sich eine Luftkammer. Sie dient dem Küken als Luftvorrat.

Käse

Warum stinkt Stinkekäse?

Je nach Sorte muss Käse Tage oder Wochen reifen, bis er seinen Geschmack und sein typisches Aussehen bekommt. Damit Käse reifen kann, braucht er besondere Bakterien. Die Art der Bakterien entscheidet darüber, ob der Käse hinterher stinkt oder nicht. Je länger Käse reift, desto mehr riecht er. Es gibt auch Käse, der so gut wie gar nicht stinkt, zum Beispiel Frischkäse. Weltweit sind übrigens fast 5000 Käsesorten bekannt. Die meisten Sorten gibt es in Frankreich.

Wieso darf man Schimmelkäse essen?

Mit Schimmel befallenes Essen solltest du wegwerfen. Diese Lebensmittel sehen nämlich nicht nur eklig aus, sondern können dich auch krank machen. Doch Schimmel ist nicht gleich Schimmel! Bei Camembert oder Blauschimmelkäse gehört Schimmel sogar dazu. Ihnen wurden beim Reifen absichtlich Schimmelpilze zugegeben. Der Käse ist dadurch nicht so verschimmelt, dass er verdorben ist. Im Gegenteil: Durch den Schimmel erhält der Käse erst seinen richtig leckeren Geschmack.

Wie kommen die Löcher in den Käse?

Waren da Bohrer am Werk? Oder etwa Mäusezähne? Nein, die Löcher kommen bei einem Vorgang, der Gärung heißt, in den Käse. Dabei entsteht Kohlensäure, die du vom Mineralwasser kennst. Auch im Käse bilden sich Luftbläschen, die aber nicht raus können. Aus ihnen werden dann die Löcher im Käse.

Wusstest du …

- dass Mäuse gar keinen Käse essen? Es ist der Geruch, der sie anlockt.
- dass man die Löcher im Käse sogar hören kann, wenn man auf die Rinde des Käses klopft? Käse mit vielen Löchern klingt richtig hohl!
- dass Käse im Sommer dunkler ist als im Winter? Im Sommer fressen die Kühe mehr Gras auf der Weide. Und im Gras ist ein Farbstoff (Karotin), der den Käse gelb macht.

Brot

Weshalb wird altes Brot hart?

Altes Brot verliert seine Feuchtigkeit – darum wird es hart. Genau umgekehrt ist es übrigens bei Keksen. Sie nehmen die Feuchtigkeit aus der Luft auf. Wenn du also knusprige Kekse ohne Verpackung auf dem Tisch liegen lässt, werden sie schnell weich. Brot und Kekse versuchen sozusagen, sich der Luftfeuchtigkeit der Umgebung anzupassen. Und was kannst du dagegen tun? Du solltest beides kühl und trocken lagern oder ganz schnell aufessen!

Warum muss Hefeteig erst gehen?

Hefe besteht aus vielen winzig kleinen Pilzen. Nach dem Mischen und Durchkneten braucht Hefeteig eine Ruhepause, damit die Hefepilze mit ihrer Arbeit beginnen können. Sie sorgen dafür, dass der Teig locker und backfähig wird – der Hefeteig »geht auf«.

Wusstest du …

- dass Deutschland berühmt ist für seine vielen Brotsorten?
- dass man verschimmeltes Brot nicht mehr essen sollte?
- dass es ganz verrückte Brotsorten gibt, zum Beispiel Kartoffel-Möhrenbrot mit Haferflocken oder Buttermilch-Kümmelbrot?
- dass roher Teig wirklich Bauchschmerzen verursachen kann? Darum besser nur ganz wenig vom Plätzchenteig naschen!

Wieso ist Weißbrot weiß und Vollkornbrot dunkel?

Für helle Brotsorten wird das Korn zuerst geschält und dann fein gemahlen. So erhält man ganz weißes Mehl. Das dunkle Vollkornmehl wird dagegen aus dem ganzen Korn gemahlen. Dunkles Brot sättigt besser und enthält mehr Vitamine als helles Brot. Die meisten Vitamine stecken nämlich in der Schale und im Keimling des Korns.

Obst & Gemüse

Warum ist die Banane krumm?

Alle Pflanzen wachsen dem Licht entgegen. Eine Banane muss einen ziemlich krummen Weg zum Licht nehmen. Sie wächst nicht allein, sondern mit ganz vielen anderen Bananen zusammen an einer Staude. Alle Bananen hängen kopfüber nach unten. Die einzelnen Bananen wachsen seitlich aus der Staude heraus und biegen sich dann nach oben zum Licht hin.

Wusstest du ...

 dass du Äpfel am besten mit Schale essen solltest? Die meisten Vitamine des Apfels befinden sich in oder direkt unter der Schale.

 dass Kirschen am Baum als Zwillinge oder Drillinge heranwachsen?

 dass die Banane krumm ist, ist doch klar, denn wenn sie gerade wär, dann wär sie keine Banane mehr!

 dass viele Früchte süß oder sauer sind? Salzige Früchte gibt es nicht.

Wieso ist Salat meistens grün?

Wie die meisten Pflanzen ernährt sich Salat davon, dass er Luft und Sonnenlicht mit seinen Blättern einfängt. Auf diese Weise kann er seine Nährstoffe erzeugen und einen Blattfarbstoff: das Chlorophyll. Es sorgt dafür, dass die Blätter so schön grün sind. Grün und lecker!

Wie kommt der Wurm in den Apfel?

Im Sommer schwirren viele kleine Fruchtfliegen und Schmetterlinge durch die Obstgärten. Einige legen ihre Eier auf den Apfelbäumen ab. Aus den Eiern schlüpfen nach kurzer Zeit kleine weiße Würmer. Man nennt sie auch Raupen. Sie haben großen Hunger! Darum fressen sie winzige Gänge in die Äpfel. Immer tiefer bohren sie sich in die Früchte hinein, denn die Kerne sind ihre Lieblingsspeise. Für uns Menschen schmecken diese Äpfel dann allerdings nicht mehr so gut.

Getränke

Wieso kocht die Milch über?

Schuld daran ist das Eiweiß in der Milch. Durch das Erhitzen gerinnt es, steigt an die Oberfläche und bildet dort eine dünne Haut. Beim Erhitzen entsteht auch Wasserdampf. Wegen der Hautschicht kann er aber nicht entweichen. Deshalb bildet sich schnell eine Dampfblase, die immer größer wird. Schwupps – die Haut platzt auf und die Milch kocht über, wegen des Drucks.

Wie kommen die Perlen in die Limo?

Die aufsteigenden Bläschen, die du in der Limonade sehen kannst, sind aus Kohlensäure. Bei der Abfüllung wird dieses Gas unter viel Druck in die Flaschen gefüllt. So schmeckt die Limo erfrischend und sprudelt richtig schön. Kohlensäure findest du auch im Mineralwasser.

Warum ist Cola nicht gesund?

Cola schmeckt dir vielleicht gut, aber gesund ist sie bestimmt nicht! Denn Cola enthält viel Zucker, der nicht nur dick macht, sondern auch schlecht für deine Zähne ist. Zudem ist in Cola sehr viel Kohlensäure. Dadurch bläht sich dein Magen auf und du kannst Bauchschmerzen bekommen. Und dann enthält Cola noch Koffein. Dieses kann bei Kindern Schlafstörungen, Herzklopfen und sogar Magenprobleme verursachen.

Wusstest du …

- dass Mineralwasser aus der Erde sprudelt? Es kommt aus unterirdischen Quellen.
- dass man Kräuter- und Früchtetees unbedingt mit heißem Wasser aufgießen und mindestens fünf Minuten ziehen lassen soll? So werden alle Keime (Bakterien, Pilze) abgetötet.
- dass man Cola auch zum Entrosten verwenden kann? In Cola sind verschiedene Säuren, die von einem Nagel den Rost ablösen.

Der Natur auf der Spur

Was macht der Maikäfer im Juni?

Wie kriegen Pflanzen Kinder?

Warum machen Bienen Honig?

Pflanzen

Wieso können Pflanzen durch die Straße wachsen?

Sehr stark sehen die meisten Pflanzen ja nicht aus. Meist sind sie eher klein und knicken leicht ab. Doch wenn du auf dem Gehweg genau hinschaust, siehst du bestimmt Pflanzen, die durch den Beton wachsen oder sogar Steinplatten anheben. Denn besonders die Wurzeln der Pflanzen können richtig viel Kraft aufbringen. Die Pflanzenspitze arbeitet dabei wie ein Bohrer. So bohrt sich auch eine kleine Pflanze durch den Straßenbelag ihren Weg ans Tageslicht.

Was essen Pflanzen?

Damit Pflanzen gut wachsen, brauchen sie Licht, etwas zu trinken (Wasser), Luft zum Atmen und genügend zu essen. Ihre Nahrung finden sie in der Erde. Denn die Erde ist voll von Nährstoffen. Sie enthält zum Beispiel Stickstoff, Schwefel und Eisen. Mit ihren Wurzeln nehmen Pflanzen diese Nährstoffe auf.

Wie kriegen Pflanzen Kinder?

Dafür haben Pflanzen Blüten. Während der Blütezeit wird Blütenstaub von den männlichen Blütenteilen auf die weiblichen Blütenteile übertragen. Diese Bestäubung geschieht durch Insekten oder den Wind. Jetzt können sich Samen und Früchte bilden. Aus dem Samen wachsen später wieder neue Pflanzen: die Pflanzenkinder.

Wusstest du …

- dass Pflanzen immer zum Licht hin wachsen?
- dass es auch fleischfressende Pflanzen gibt? Sie ernähren sich von kleinen Insekten.
- dass die Wurzeln eines einzigen Baumes leicht ein Stück Straße zerstören können?
- dass Pflanzen grün sind, weil sie den grünen Blattfarbstoff Chlorophyll enthalten?

Krabbeltiere

Haben Tausendfüßer tausend Beine?

Wirklich tausend Beine haben sie nicht. Doch immerhin bringen es einige Arten auf weit mehr als 600 Beine! Manche Tausendfüßer häuten sich immer wieder, und nach jeder Häutung kommen ein paar neue Beine hinzu. Wenn die Schuhe kaufen müssten! Wofür brauchen sie so viele Beine? Wenn die lichtscheuen Tiere durch Laubberge kriechen, findet immer eines ihrer Beine irgendwo Halt. Es gibt übrigens auch Hundertfüßer – auch diese haben aber nicht genau einhundert Beine.

Tragen Marienkäfer pro Jahr einen Punkt?

Nein, die Punkte haben mit dem Alter nichts zu tun. Marienkäfer haben ihr Leben lang immer gleich viele Punkte. Durch die Anzahl der Punkte lassen sich die verschiedenen Marienkäferarten unterscheiden. Es gibt zum Beispiel Marienkäfer mit 2, 5, 7 oder sogar 24 Punkten! Am bekanntesten ist der Siebenpunkt.

Was macht der Maikäfer im Juni?

Meist das gleiche wie im Mai: herumfliegen, viel fressen und sich vermehren. Maikäfer werden nicht sehr alt. Wenige Wochen nach dem Schlüpfen paaren sich Männchen und Weibchen. Bald danach sterben die Männchen. Die Weibchen graben sich tief in die Erde ein, legen dort rund 60 Eier und sterben dann auch.

Wusstest du …

 dass Marienkäfer Ungeziefer fressen? Früher empfanden die Bauern sie als ein Geschenk der heiligen Maria – daher auch ihr Name.

 dass nicht alle Marienkäfer rot sind und schwarze Punkte haben? Es gibt auch Marienkäfer, die ganz andere Farben haben.

 dass Tausendfüßer trotz ihrer vielen Beine nicht über ihre Füße stolpern?

 dass Glühwürmchen ein »kaltes Licht« erzeugen? Sie werden beim Leuchten nicht heiß.

Vögel

Weshalb verirren sich Zugvögel nicht?

Zugvögel reisen zu Beginn des Winters in warme Länder. Dabei verirren sie sich nur ganz selten. Bei ihren langen Reisen orientieren sie sich am Magnetfeld der Erde. Außerdem bestimmen sie ihre Flugrichtung nach dem Stand von Sonne, Mond und Sternen. Auch du orientierst dich manchmal am Erdmagnetfeld: immer wenn du einen Kompass benutzt, um den richtigen Weg zu finden.

Wusstest du ...

 dass alle Vögel Eier legen? Aber nicht alle bauen ein Nest. Uhus legen ihre Eier am Boden ab und der Kuckuck legt seine Eier in fremde Nester.

 dass Vögel, um fliegen zu können, leicht sein müssen? Deshalb haben sie auch hohle Knochen.

 dass man Vögel, die bei uns überwintern, Standvögel nennt?

Können Vögel rückwärts fliegen?

Vorwärts fliegen kann jeder Vogel. Doch rückwärts fliegen können nur die kleinen Kolibris. Das sind wirklich ganz erstaunliche Flugkünstler: Manchmal fliegen sie auch seitwärts oder bleiben einfach mitten in der Luft stehen. Sie können ihre Flügel so schnell bewegen, dass man sie fast nicht mehr sieht.

Warum fallen Vögel im Schlaf nicht vom Baum?

Bist du nachts auch schon einmal aus dem Bett gefallen? Eigentlich seltsam, dass die Vögel im Schlaf nicht vom Ast herunterfallen! Die meisten Vögel haben Krallen an den Zehen. In ihren Krallen haben sie einen Greifreflex. Dadurch schließen sich die Krallen automatisch, wenn sie einen Ast berühren. Und sie öffnen sich erst wieder, wenn sich die Vögel besonders anstrengen. Bei den Menschen ist das genau umgekehrt: Wir müssen uns anstrengen, wenn wir etwas greifen wollen.

Bienen

Warum machen Bienen Honig?

Den Honig brauchen Bienen vor allem, um ihre Vorratskammern für den Winter zu füllen. Der Winter ist eine harte Jahreszeit für Bienen. Es ist kalt und sie finden keine Blüten. Darum legen sie sich einen großen Honigvorrat an. Der Imker gibt den Bienen Zuckerwasser, damit sie im Winter nicht verhungern.

Gibt es auch einen Bienenkönig?

Bei den Bienen gibt es nur eine Königin und keinen König. Zu einem Bienenvolk gehören eine Königin, einige Männchen (Drohnen) und viele Arbeiterinnen. Die Königin ist die Mutter aller Bienen, die in einem Stock leben. Sie ist die größte Biene.

Können Bienen tanzen?

Ja, Bienen tanzen, aber nicht zum Spaß. Sie verständigen sich mit Hilfe von Tänzen untereinander. Die Honigbienen haben eine eigene Sprache, mit der sie den Tieren im Stock mitteilen, wo man viel Nektar und Pollen findet. Dazu laufen sie in bestimmten Wegen über die Waben und zeigen damit die Richtung zur Sonne an, in die man fliegen muss. Dabei bewegen die Bienen ihr Hinterteil hin und her, schnell oder langsam. Am Tempo erkennen die anderen die Entfernung der Nahrungsquelle.

Wusstest du …

- dass die Bienenkönigin täglich bis zu 3000 Eier legt?
- dass Bienen sterben, wenn sie jemanden gestochen haben?
- dass Honig ganz schön wertvoll ist? In ihrem ganzen Leben produziert eine einzige Honigbiene nämlich nur etwa einen Teelöffel Honig.

Kühe

Was ist der Unterschied zwischen Rind und Kuh?

Kühe sind die weiblichen Rinder. Die Männchen heißen Stiere oder Bullen und die Jungen nennt man Kälber. Es gibt sehr viele verschiedene Rinderrassen. Manche Rassen geben viel Milch, andere viel Fleisch. Bei uns sieht man meistens die gefleckten Rotbunten und Schwarzbunten oder das Braunvieh.

Warum kauen Kühe zweimal?

Beim Weiden verschlingen die Rinder Grasbüschel, ohne sie zu zerkauen. Erst wenn sie genug gefressen haben, legen sie sich hin, würgen das Gras wieder hoch und zerkauen es solange, bis ein Brei entsteht, den sie besser verdauen können. Eine Kuh hat übrigens insgesamt vier Mägen! Neben Heu und Gras bekommen die Kühe heute auch noch viel Kraftfutter, das aus Korn hergestellt wird.

Wie macht die Kuh die Milch?

Eigentlich geben Säugetiere nur Milch, wenn sie Nachwuchs haben. Durch Zucht geben Milchkühe heute aber viel mehr Milch als ihre Kälber brauchen. Die Milch bildet sich unter dem Bauch der Kuh, im Euter. Die vier Zipfel, aus denen die Milch herauskommt, heißen Zitzen. Jeden Morgen und Abend ist das Euter voll und die Kühe werden gemolken. Eine gute Milchkuh gibt jeden Tag mehr als 20 Liter Milch. Aus der Milch werden zum Beispiel Butter, Käse, Quark, Sahne und Joghurt hergestellt.

Wusstest du …

 dass eine Kuh jeden Tag einen ganzen Ballen Heu frisst?

 dass eine gute Milchkuh in einem Jahr über 8000 Liter Milch gibt?

 dass eine Kuh an einem einzigen Tag bis zu acht Eimer Wasser trinkt?

 dass unsere Hauskuh vom wilden Auerochsen abstammt? Dieses Wildrind ist aber schon lange ausgestorben.

Schweine

Kriegen Schweine Sonnenbrand?

Schweine haben eine empfindliche Haut und können tatsächlich einen Sonnenbrand bekommen. Damit das an sonnigen Tagen nicht passiert, baden sie im Schlamm. Wenn sie sich von oben bis unten mit Dreck bedeckt haben, können die Sonnenstrahlen ihrer Haut nämlich nicht mehr schaden.

GRUNZ ...
GRUNZ ...

Wusstest du ...

- dass jedes Schweineweibchen (Sau) etwa 22 Ferkel im Jahr zur Welt bringen kann?
- dass Schweine auch im Schlamm baden, um ihre Haut von Läusen oder Zecken zu befreien?
- dass man Schweinehaare früher zur Herstellung von Zahnbürsten benutzte?
- dass Schweine sehr intelligent sind?

Wie findet das Schwein die Trüffel?

Mit ihrer platten, rüsselförmigen Schnauze graben Schweine in der Erde nach Futter. Besonders in Frankreich setzt man sie dazu ein, Trüffel zu finden. Trüffel ist ein besonderer Pilz, der als Delikatesse gilt. Er wächst unter der Erde und ist deswegen für den Menschen nur schwer zu finden.

Bringen Schweine Glück?

Schweine gelten als Glücksbringer. Diese Tradition stammt noch aus dem Mittelalter. Damals war ein einzelnes Schwein sehr wertvoll. Es brauchte nicht viel Futter und die Ferkel konnten teuer verkauft werden. Von dem Fleisch und dem Schmalz eines Schweins konnte eine Familie einen ganzen Winter überleben. Der Verlierer eines Turniers im Mittelalter bekam als Trostpreis ein Schwein überreicht. Da hat er noch mal Schwein gehabt!

Schafe

Stimmt es, das Schafe dumm sind?

Im Streit bezeichnen sich Menschen gegenseitig manchmal als dummes Schaf. Schafe sind aber gar nicht so dumm. Sie können zum Beispiel die Gesichter ihrer Artgenossen wiedererkennen. Außerdem sind Schafe sehr nützlich für uns Menschen. Sie liefern uns Wolle, Milch und Fleisch.

Warum lecken Schafe ihre Lämmer?

Direkt nach der Geburt leckt die Schafsmutter ihre Lämmchen ab. So lernt sie ihren Geruch kennen und erkennt ihre Lämmchen später immer wieder. Schafe bekommen jedes Jahr bis zu drei Lämmer. Bald nach der Geburt trinken die kleinen Schäfchen die erste Milch bei der Mutter. Sie werden etwa fünf Monate gesäugt.

Wie viel Wolle wächst am Schaf?

Schafe haben ein dickes Fell, das sie auch im Winter warm hält. Im Frühjahr, wenn es draußen nicht mehr kalt ist, werden die Tiere geschoren. Mit einer besonderen Schere oder einem Rasierer wird ihnen der dicke Wollpelz abgeschnitten. Die beste Wolle wächst auf dem Rücken und an den Seiten. Das geschorene Fell der Schafe kann bis zu zehn Kilogramm wiegen. Die Schafe müssen dann im Sommer nicht schwitzen und bis zum Winter ist der Pelz nachgewachsen.

Wusstest du …

 dass Lämmchen ihre Mutter am Blöken erkennen?

 dass Schafe ganz nah mit den Ziegen verwandt sind? Im Gegensatz zu den Ziegenböcken stinken die Schafböcke aber nicht.

 dass das Fell der Schafe nicht immer weiß ist? Es gibt auch graue, braune, schwarze und sogar gemusterte Schafe.

 dass es über 500 Schafarten auf der Welt gibt?

Ziegen

Sind Ziegen wirklich zickig?

Vom lateinischen Wort für Ziege (Capra) kommt das Wort »kapriziös«. Das bedeutet dasselbe wie »zickig«. Ziegen sind tatsächlich manchmal ein bisschen launisch und eigenwillig. Sie sind aber auch sehr schlau. Jemanden als dumme Ziege zu bezeichnen, ist also kein guter Vergleich.

Warum schmeckt Ziegenkäse so komisch?

Ziegen fressen im Gegensatz zu Kühen sehr viele Kräuter. Deshalb schmeckt der Ziegenkäse meist schärfer als Käse aus Kuhmilch. Viele Menschen mögen den »komischen« Geschmack von Ziegenkäse aber sehr gerne. Wegen ihrer guten Milch werden Ziegen schon lange als Haustiere gehalten. Es gibt aber viel weniger Ziegenmilch als Kuhmilch. Deshalb ist sie auch teurer. Eine Ziege gibt im Jahr bis zu 1000 Liter Milch, die hauptsächlich zur Herstellung verschiedener Käsesorten verwendet wird.

Können Ziegen auf Bäume klettern?

Ziegen können sehr gut klettern. Sie haben besonders weiche Hufe, die sich jedem Gelände perfekt anpassen. Auf der Suche nach Nahrung scheuen sie überhaupt keine Mühe. Um einen Zweig mit frischen Blättern oder Knospen zu erreichen, richten sie sich auf die Hinterbeine auf und erklettern auf diese Weise Sträucher oder sogar Bäume.

Wusstest du …

- dass nicht nur der Ziegenbock, sondern auch das Ziegenweibchen Hörner hat?
- dass das Ziegenweibchen »Geiß« genannt wird? Ziegenkinder heißen »Zicklein«.
- dass Ziegen wie Schafe blöken? Das machen sie vor allem dann, wenn sie Angst haben.
- dass Ziegen Herdentiere sind? Am wohlsten fühlen sie sich in Gesellschaft.

Määähhh!

Eichhörnchen

Was machen Eichhörnchen mit ihrem Schwanz?

Eichhörnchen haben einen langen, buschigen Schwanz. Wenn sie einen Ast entlangflitzen, hilft ihnen ihr Schwanz, das Gleichgewicht zu halten. Springen sie von einem höheren Ast auf einen niedrigeren, wirkt der Schwanz wie ein Fallschirm: Sie landen sanft und sicher. Im Winter wickeln sie ihren Schwanz wie eine kuschelige Bettdecke um sich. Und bei starker Sonne dient er ihnen als Sonnenschirm. Wie praktisch!

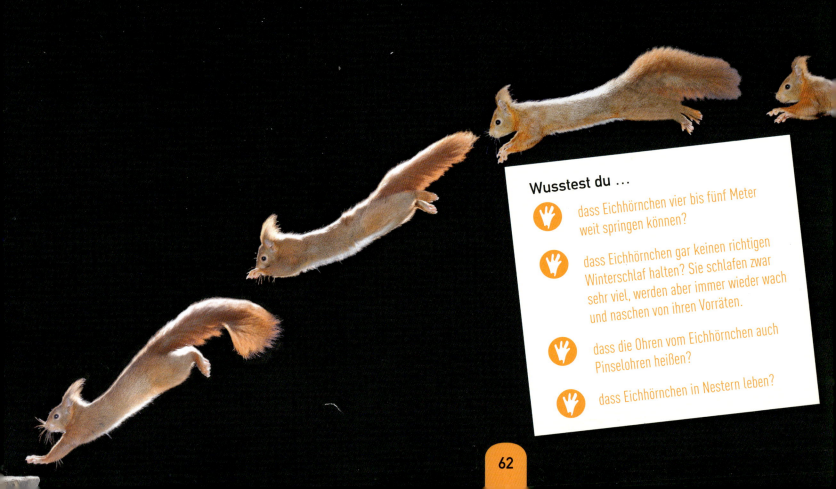

Wusstest du …

- dass Eichhörnchen vier bis fünf Meter weit springen können?
- dass Eichhörnchen gar keinen richtigen Winterschlaf halten? Sie schlafen zwar sehr viel, werden aber immer wieder wach und naschen von ihren Vorräten.
- dass die Ohren vom Eichhörnchen auch Pinselohren heißen?
- dass Eichhörnchen in Nestern leben?

Können Eichhörnchen Bäume pflanzen?

Ja, allerdings tun sie das unfreiwillig. Im Herbst legen sie sich Vorräte für den Winter an. Sie sammeln Nüsse, Eicheln und Samen und verstecken diese in Baumhöhlen oder vergraben sie im Boden. Oft vergessen sie ein Versteck, so dass im nächsten Jahr kleine Bäume heranwachsen können.

Warum sind Eichhörnchen so aufgeregt?

Eichhörnchen sind gar nicht aufgeregt. Das sieht nur so aus, weil sie so flink sind. Mit ihren Krallen können sie Bäume rauf- und runterklettern – immer mit dem Kopf voraus und oft schneller als man gucken kann. Weil Eichhörnchen so flink sind, können sie Gefahren meist entkommen.

Fische

Schlafen Fische?

Auch Fische sind natürlich manchmal müde und müssen sich regelmäßig ausruhen. Es gibt Fische, die wie wir in der Nacht schlafen, einige andere schlafen aber tagsüber. Zum Ausruhen ziehen sich Fische in Höhlen oder in Felsspalten zurück oder sie suchen sich ein Plätzchen zwischen Korallen. Dort sind sie vor Gefahren gut geschützt. Es gibt aber auch Fische, die beim Schlafen langsam weiterschwimmen. Fische haben keine Augenlider. Deshalb schlafen sie mit offenen Augen.

Haben Fische Durst?

Ja, auch Fische müssen trinken, um nicht zu verdursten. Fische, die im Salzwasser leben, können sogar salziges Wasser trinken. Das Salz drücken sie sofort wieder zu den Kiemen heraus. Mit dieser Technik gelangt nur salzfreies Wasser in ihren Körper und sie trocknen nicht aus.

Können Fische seekrank werden?

Kaum zu glauben, aber es stimmt! Genauso wie wir Menschen haben Fische ein Gleichgewichtsorgan. Das kann durch schaukelnde Bewegungen gestört werden. In Versuchen haben Forscher Fische mit einer Raumkapsel ins All befördert. Dort oben schwammen sie plötzlich orientierungslos im Kreis.

Wusstest du …

- dass der Fächerfisch der schnellste Fisch ist? Er erreicht bis zu 111 Stundenkilometer.
- dass Fische sehr alt werden können? Goldfische können über 40 und Karpfen bis zu 100 Jahre alt werden. Ein Stör wurde einmal 152 Jahre alt.
- dass es einen Fisch gibt, der keine Augen hat? Der Höhlenfisch orientiert sich an den Druckwellen im Wasser seiner Umgebung.

Erstaunliche Wissenschaft

Was macht die Sonne in der Nacht?

Wieso saust der Ballon durchs Zimmer?

Warum ist Wasser nass?

Sieht jede Schneeflocke gleich aus?

Warum knallt der Schall?

Wusstest du …

- dass auch wir Menschen zu einem Großteil aus Wasser bestehen?

- dass Wasser auf Wasser schwimmen kann? Warmes Wasser steigt nach oben und schwimmt dann auf dem kalten Wasser.

- dass man auch bei Leitungswasser sagt, es ist hart? Dann enthält es viele Mineralstoffe, die sich in Leitungen und in Kochtöpfen als Kalk absetzen können.

Wasser

Warum ist Wasser nass?

Die vielen winzigen Teilchen, aus denen Wasser besteht (Wassermoleküle), sind nur lose miteinander verbunden. Sie können sich frei bewegen. Steckst du deinen Fuß ins Wasser, legen sich diese Teilchen wie eine dünne Schicht um ihn. Das empfindest du dann als »nass«.

Wieso tun Bauchklatscher weh?

Wie du ja schon weißt, besteht Wasser aus vielen kleinen Teilchen. Steigst du vorsichtig ins Wasser, werden diese ganz langsam zur Seite geschoben. Springst du aber hinein, müssen die Teilchen ganz schnell Platz machen. Da sie das nicht schaffen, erscheint die Wasseroberfläche hart!

Warum schrumpelt die Haut in der Badewanne?

Die Haut an deinen Fingern und Füßen unterscheidet sich vom Rest deiner Haut. Sie ist hier viel dicker. Das ist auch gut so, denn diese Stellen sind großen Belastungen ausgesetzt: Wir greifen und fühlen mit den Fingern, laufen und stehen auf den Füßen. Wenn du nun lange Zeit im Wasser planschst, saugt diese dicke Haut viel Wasser auf und dehnt sich aus. Es entsteht die wellige Schrumpelhaut. Doch keine Sorge: Sie bildet sich schnell wieder zurück.

Farben

Können Tiere Farben sehen?

Viele Tiere können nur erkennen, ob es hell oder dunkel ist. Katzen und andere Tiere, die im Dunkeln jagen, können zum Beispiel fast keine Farben sehen. Hunde können Rot und Grün nicht auseinander halten. Affen und Kängurus sehen die Welt dagegen fast so wie du. Auch Fische können ganz viele Farben voneinander unterscheiden.

Wie kommt die Farbe in den Regenbogen?

In einem Regenbogen siehst du das Sonnenlicht. Denn in dem weißen Sonnenlicht sind alle Farben des Regenbogens enthalten: Rot, Orange, Gelb, Grün, Blau und Violett. Die Regentropfen brechen das weiße Sonnenlicht und trennen es in die einzelnen Farben auf. So entsteht der wunderschöne bunte Bogen!

Wusstest du …

- dass es Menschen gibt, die Probleme beim Erkennen von Farben haben? Diese Menschen sind farbenblind.

- dass es Tarnfarben gibt? Einige Tiere sind so gefärbt, dass sie sich von ihrer Umgebung kaum abheben. Diese Tarnung schützt sie vor Feinden.

- dass die bunten Farben unser Leben verschönern? Stell dir mal vor, wie traurig es aussehen würde, wenn alles nur Schwarz oder Weiß wäre!

Sind Schwarz und Weiß auch Farben?

Es gibt bunte Farben wie Grün oder Orange. Schwarz, Grau und Weiß sind nicht bunt. Trotzdem werden sie meist als Farben bezeichnet. Man nennt sie auch »unbunte« Farben. Mischst du bunte Farben mit Schwarz oder Weiß, erhältst du wieder neue Farben: Rot und Weiß ergibt beispielsweise Rosa. Übrigens: Es gibt nur drei Grundfarben: Rot, Blau und Gelb. Wenn man diese Grundfarben mischt, erhält man alle anderen bunten Farben. So ergibt zum Beispiel Gelb und Blau erst Grün. Aus den Mischungen können unendlich viele Farben entstehen.

Luft & Gase

Wie schwer ist Luft?

Überall um dich herum ist Luft. Und wie alle Stoffe, so hat auch Luft ein Gewicht. Die Luft in einer Einliterflasche wiegt etwa so viel wie eineinhalb Gummibärchen. Die Luft drückt auch auf deinen Körper. Doch du spürst den Luftdruck nicht, da du in deinem Körper einen genauso großen Gegendruck hast.

Wieso fällt ein Heißluftballon nicht herunter?

Wunderschön sieht es aus, wie die riesigen Heißluftballons am Himmel schweben. Warum fallen sie nicht herunter? Dazu musst du wissen: Heiße Luft steigt nach oben. Die Luft in den Ballons wird mit einer Gasflamme erwärmt. Jetzt ist sie leichter als kalte Luft, steigt auf und nimmt den Ballon mit nach oben. Kühlt die Luft wieder ab, wird sie dichter und damit schwerer. Sie sinkt abwärts. Soll der Ballon sinken, wird einfach eine Klappe geöffnet, durch die warme Luft entweichen kann.

Warum saust der Ballon durchs Zimmer?

Hast du schon einmal einen Luftballon aufgeblasen und dann den Finger von der Öffnung genommen? Der Ballon saust jetzt durch das Zimmer, weil die ausströmende Luft eine Kraft auf den Ballon ausübt. Diese Kraft nennt man Rückstoß. Je mehr Luft in dem Ballon war, desto stärker ist der Rückstoß.

Wusstest du …

- dass alle Menschen, Tiere und Pflanzen Luft zum Leben brauchen?
- dass es auf dem Mond keine Luft gibt?
- dass ein Wasserkessel so ähnlich funktioniert wie eine Flöte? Durch den Wasserkessel wird aber keine Luft geblasen, sondern Wasserdampf.
- dass auch Flugzeuge und Raketen durch Rückstoß angetrieben werden?

Warm & kalt

Warum gibt es warme und kalte Tage?

Unsere Erde dreht sich um die Sonne. Die Erdachse steht aber nicht gerade in Richtung Sonne, sondern etwas schief. Dadurch scheint die Sonne nicht immer im gleichen Winkel auf die Erde. Im Sommer ist die Erde der Sonne zugeneigt. Dann haben wir viele warme Tage. Im Winter ist es dagegen genau umgekehrt. Übrigens: Wenn bei uns Sommer ist, dann herrscht in Australien Winter!

Wieso blubbert Wasser beim Kochen?

Wenn Wasser in einem Wasserkocher oder Topf kocht, entsteht Wasserdampf. Weil der Dampf leichter als das Wasser drumherum ist, steigt er in vielen Blasen vom Topfboden auf. Daher kommt auch das gut hörbare Blubbern. Wenn das Wasser dann immer weiterkocht, ist es irgendwann ganz verschwunden: Es verdampft.

Wusstest du …

 dass sich Wasser beim Gefrieren ausdehnt? Eis braucht mehr Platz als Wasser. Darum zerplatzt die Limonadenflasche, wenn sie zu lange im Gefrierfach liegt.

 dass beim Schlittschuhlaufen oder Rodeln der Wasserfilm auf dem Eis durch den Druck und die Reibung vergrößert wird? Dann kann man gleich viel besser gleiten.

 dass im Inneren der Sonne eine unglaubliche Temperatur von 15 Millionen Grad Celsius herrscht?

Sieht jede Schneeflocke gleich aus?

Eine Schneeflocke besteht aus lauter kleinen Schneekristallen. Wenn du genau hinschaust, erkennst du, dass jede Schneeflocke die Form eines sechszackigen Sterns hat. Trotzdem sieht jede etwas anders aus. Wolken schweben verschieden hoch am Himmel, und die Temperaturen zwischen Wolke und Boden sind immer unterschiedlich. Wie warm und wie feucht die Luft ist und wie schnell eine Schneeflocke fliegt – all das beeinflusst ihre Form. So gleicht kein Schneekristall dem anderen.

Tag & Nacht

Wusstest du …

- dass die Dunkelheit eine besondere Eigenschaft hat? Sie lässt dich deine anderen Sinne stärker spüren. Du hörst zum Beispiel alles besser.
- dass Lichtstrahlen, die an ein Hindernis gelangen, entweder reflektiert, gebrochen oder gestreut werden?
- dass man seinen eigenen Schatten nicht fangen kann?
- dass es sichtbares und unsichtbares Licht gibt?

Was macht die Sonne in der Nacht?

Die Sonne geht nie schlafen. Man sagt zwar, »die Sonne geht unter«. Aber in Wahrheit bleibt sie immer am Himmel stehen und scheint auf die Erde. Es gibt Tag und Nacht, weil sich die Erde innerhalb eines Tages einmal um sich selbst dreht. Das dauert genau 24 Stunden. Auf der zur Sonne gewandten Seite ist dann Tag, auf der anderen Seite ist zu dieser Zeit Nacht.

Wieso leuchtet der Himmel manchmal bunt?

Polarlichter färben den Nachthimmel rot, grün und blau. Bei uns bekommt man dieses Naturwunder nur ganz selten zu sehen. Die Menschen in Sibirien, Skandinavien oder Grönland können Polarlichter dagegen häufig beobachten. Polarlichter entstehen, wenn die Sonne sehr aktiv ist. Man kann Polarlichter vor allem in den Wintermonaten erleben. Im Sommer sind die bunten Lichtspiele meist nicht zu sehen, weil in dieser Zeit der Himmel zu hell ist.

Warum sind nachts alle Katzen grau?

Um sehen zu können, benötigen unsere Augen Licht. Im Dunkeln sind wir aber nicht blind. Die Augen gewöhnen sich an die Dunkelheit und man kann Gegenstände und Umrisse erkennen. Nur Farben sind im Dunkeln kaum zu unterscheiden. Deshalb sagt man: »Nachts sind alle Katzen grau.«

Laut & leise

Warum knallt der Schall?

Der Schall legt in der Luft rund 1200 Kilometer in der Stunde zurück. Fliegt ein Flugzeug schneller, durchbricht es die Schallmauer. Dann gibt es einen lauten Knall am Himmel. Der entsteht, weil sich die Schallwellen beim Flugzeug aufgestaut haben. Der Pilot merkt davon kaum etwas. Das Flugzeug ruckelt nur ein wenig. Dass sich Schallwellen mit großer Geschwindigkeit ausbreiten, kannst du selbst feststellen. Blas einen Luftballon auf und lass ihn zerplatzen. Du wirst den Knall sofort hören!

Wieso plappert mir das Echo alles nach?

HAAALLO! Auch wenn du im Gebirge oder unter einer Brücke ganz laut rufst, entstehen Schallwellen. Die Schallwellen breiten sich in der Luft aus, prallen aber an den Fels- oder Brückenwänden wieder ab und kommen als Echo zu dir zurück: HAAALLO!

Warum kann ich Töne nicht sehen?

Die Schulglocke, das Hundebellen oder die Musik: Alle Töne und Geräusche bringen die Luft zum Schwingen. Es entstehen Schallwellen, die die Luft in unser Ohr trägt. Und das Ohr schickt sie weiter an das Gehirn. Schallwellen kannst du weder schmecken noch riechen oder sehen. Trotzdem sind sie überall um dich herum!

Wusstest du …

- dass wir immer hören, auch im Schlaf? Sonst würdest du vom Wecker nicht wach werden!
- dass dein Trommelfell durch die Schallwellen in Schwingung gerät? Du nimmst diese Bewegungen als Töne oder Geräusche wahr.
- dass es tiefe und hohe Schallwellen gibt?

Schwerkraft

Warum fallen Dinge auf den Boden?

Wenn du in die Luft springst, fliegst du nicht davon, sondern landest automatisch wieder auf dem Boden. Auch der Ball, den du in die Luft wirfst, landet wieder auf dem Erdboden. Diese Kraft, die uns und alle Gegenstände nach unten zur Erde hin zieht, nennt man Schwerkraft oder Gravitationskraft.

Kann man im Kopfstand essen?

Ja, denn die Speisen und Getränke fallen ja nicht einfach in deinen Bauch hinunter. Deine Speiseröhre ist von Muskeln umgeben. Diese spannen sich nacheinander an. Durch die wellenartigen Bewegungen der Muskeln wird der Speisebrei in deinen Magen befördert. Aber auch wenn du im Kopfstand essen kannst – bequem ist das bestimmt nicht!

Weshalb steigt ein Drachen?

Halte ein großes Blatt Papier vor deinen Mund. Dann puste so kräftig wie möglich an der Oberseite des Blattes entlang. Das Blatt hebt sich nach oben und flattert in der Luft, denn durch das Pusten hast du für Auftrieb gesorgt. Das ist die Kraft, die auch den Drachen nach oben zieht.

Wusstest du …

 dass wir ohne Schwerkraft keine Getränke einschenken und keine Postkarte in einen Briefkasten werfen könnten?

 dass dort, wo keine Schwerkraft wirkt, Schwerelosigkeit herrscht?

 dass du beim Achterbahnfahren häufig das Gefühl der Schwerelosigkeit erlebst?

 dass selbst eine schwere Eisenkugel springt, wenn sie auf eine harte Stahlplatte fällt?

Spiegelbilder

Warum kann ich mich im Spiegel sehen?

Ein Spiegel ist eine glatte Fläche, die das auf sie fallende Licht zurückwirft. So entsteht ein Bild von Dingen oder Personen, die vor dem Spiegel stehen. Du siehst dich im Spiegel immer seitenverkehrt. Stell dich vor einen Spiegel und heb deine linke Hand. Dein Spiegelbild »hebt« jetzt die rechte Hand.

Wieso steht mein Spiegelbild im Löffel auf dem Kopf?

Wenn du in die Innenseite des Löffels guckst, stehst du wirklich auf dem Kopf! Die spiegelnde Fläche des Löffels ist nämlich gebogen. Das Licht, das auf die Oberfläche trifft, wird schräg zurückgeworfen. Darum vertauscht der Löffel links und rechts sowie oben und unten.

Weshalb sehen Dinge unter Wasser größer aus?

Hast du dir schon einmal einen Strohhalm, der in einem Glas Wasser steckt, genau angeguckt? Er sieht an der Stelle, in der er ins Wasser taucht, wie durchgebrochen aus. Zudem wirkt der untere Teil des Strohhalms viel größer als der obere. Das liegt daran, dass das Licht an der Grenze vom Wasser zur Luft gebrochen wird. Die Lichtgeschwindigkeit in den verschiedenen Stoffen ist unterschiedlich groß: In der Luft bewegt sich Licht schneller als im Wasser.

Wusstest du …

dass manche Spiegel dein Spiegelbild verzerren? Wölbspiegel machen dich kleiner, Hohlspiegel vergrößern das Bild.

dass du dich im Löffel wieder richtig herum siehst, wenn du ihn ganz nah an dich heran hältst?

dass die Menschen früher blank polierte Bronzeplatten als Spiegel benutzten?

Zeit & Uhrzeit

Ist es überall auf der Erde gleich spät?

Wenn du aufstehst und frühstückst, müssen die Kinder auf der gegenüberliegenden Seite der Erde ins Bett gehen. Da die Erde sich um sich selbst und gleichzeitig um die Sonne dreht, wendet sie der Sonne immer einen anderen Teil zu. Dadurch ist nicht überall auf der Erde die gleiche Uhrzeit.

Wer hat die Zeit entdeckt?

Die Zeit musste nicht erfunden werden. Es gab sie schon immer. Aber die Menschen haben Messinstrumente erfunden, um die Zeit in Stunden, Tage und Jahre einzuteilen. Schon bevor es Kalender und Uhren gab, haben Menschen die Zeit gemessen. Sie orientierten sich dafür zum Beispiel am Stand der Sonne.

Wusstest du ...

 dass man die Zeit, die noch vor uns liegt, Zukunft nennt? Tritt sie ein, wird sie zur Gegenwart. Und im nächsten Augenblick ist sie schon Vergangenheit!

 dass man früher die Zeit nicht so genau gemessen hat wie heute? Sonnen-, Wasser- oder Sanduhren zeigen keine Sekunden und Minuten an!

 dass es 24 Zeitzonen gibt? Innerhalb einer Zeitzone gilt immer die gleiche Uhrzeit.

Gibt es einen Tag, der nur 23 Stunden hat?

Du glaubst, ein Tag hat immer 24 Stunden? Es gibt einen Tag im Jahr, der nur 23 Stunden hat. Das ist immer der letzte Sonntag im März. Dann werden die Uhren auf die Sommerzeit umgestellt: Der Zeiger wird um zwei Uhr früh auf die Drei vorgerückt. Erst am letzten Sonntag im Oktober erhalten wir die »gestohlene« Stunde zurück: Steht der Zeiger auf drei Uhr nachts, wird er auf die Zwei zurückgedreht. Dieser Tag hat dann sogar 25 Stunden!

Zählen & Messen

Rechneten früher die Menschen alles im Kopf aus?

Das Zusammenzählen langer Zahlenreihen ist ziemlich langweilig. Darum haben die Menschen schon sehr früh damit begonnen, sich das Rechnen durch Hilfsmittel zu erleichtern. Eine frühe Rechenhilfe war der sogenannte Abakus. Er ist bereits seit Tausenden von Jahren in Gebrauch. Ein Abakus besteht aus einem Rahmen mit aufgereihten Steinen oder Perlen, die verschoben werden können. Schau mal nach: Habt ihr einen Abakus bei euch im Kindergarten?

Wusstest du …

- dass du mit nur zehn Ziffern (0, 1, 2, 3, 4, 5, 6, 7, 8, 9) jede Zahl schreiben kannst?
- dass in vielen amerikanischen Hochhäusern das 13. Stockwerk fehlt? In Hotels und Krankenhäusern gibt es häufig keine Zimmer mit der Nummer 13.
- dass die 6 und die 8 bei den Chinesen als Glückszahlen gelten? Die 4 ist in China eine Unglückszahl.
- dass man die Wissenschaft von den Zahlen Mathematik nennt?

Wer hat eigentlich die Zahlen erfunden?

Schon vor sehr langer Zeit hatten die Menschen den Wunsch, etwas zu zählen. Sie wollten zum Beispiel prüfen, ob noch alle Ziegen im Stall sind. Oder sie zählten die Tage und Jahre. Früher machten sie dafür Kerben in einen Holzstab. Heute schreiben wir die Zahlen mit arabischen Ziffern: 1, 2, 3 …

Wie funktioniert eine Waage?

Alte Waagen funktionieren wie eine Wippe. Sitzen auf beiden Seiten gleich schwere Kinder, ist die Wippe im Gleichgewicht. Auf der Seite, auf der das schwerere Kind sitzt, geht die Wippe herunter, das andere Kind baumelt mit den Beinen in der Luft. Bei elektrischen Waagen wird das Gewicht elektronisch angezeigt.

Einmal um die Erde

Weshalb fahren Engländer auf der linken Seite?

Haben alle Sprachen die gleichen Wörter?

Wo ist das Land, in dem der Pfeffer wächst?

Unser Planet

Wusstest du ...

 dass der Erfinder Phileas Fogg in Jules Vernes Buch »In 80 Tagen um die Welt« wettet, dass er die Erde in 80 Tagen umrunden kann? Und zu dieser Zeit gab es noch keine Autos und Flugzeuge!

 dass erst 1968 ein Flugzeug unseren Planeten umrunden konnte, ohne zwischendurch betankt zu werden?

 dass die Erde mit rund 110 000 Kilometern pro Stunde um die Sonne rast?

Warum ist die Erde rund und nicht eckig?

Die Erde ist ein Planet. Und alle Planeten sind rund. Die Kugelform entsteht durch die Schwerkraft. Diese zieht alle Teilchen gleichmäßig zum Mittelpunkt des Körpers – dadurch bildet sich eine runde Form. Die Schwerkraft sorgt auch dafür, dass wir nicht einfach von der Erde fallen oder dass ein Ball, den du in die Luft wirfst, wieder auf dem Boden landet.

Ist die Erde schwerer als die Sonne?

Die Sonne ist nicht nur viel schwerer als die Erde, sie ist auch wesentlich größer! Sie ist etwa hundert Mal so groß wie die Erde und wiegt ungefähr das 330 000-fache der Erde. Die Sonne ist jedoch ganz weit weg von der Erde. Nur darum erscheint sie uns am Himmel genauso groß wie der in Wirklichkeit viel kleinere Mond.

Kann ich ein Loch durch die Erde buddeln?

Und dann bis zur anderen Seite krabbeln, um dort spannende Abenteuer zu erleben oder einfach mal kurz »hallo« zu sagen? Das würdest du niemals schaffen! So ein tiefes Loch wurde auch noch nie gebohrt. Immerhin sind es quer durch die Erde rund 12 740 Kilometer. Und auch wenn solch ein Tunnel vorhanden wäre: Du könntest gar nicht durchkriechen, weil es im Erdinnern viel zu heiß ist. Dort herrschen Temperaturen von rund 7000 Grad Celsius!

Von Nord nach Süd

Warum sind auf dem Globus Linien?

Diese Linien nennt man Längen- und Breitengrade. Sie gehören zum sogenannten Gradnetz. Das ist ein gedachtes Netz aus Linien, das rund um die Erdkugel gezogen ist. Mit Hilfe dieses Netzes kann man jeden Ort auf der Erde genau bestimmen: jede noch so kleine Insel und auch jeden versunkenen Schatz.

Wieso schwimmt eine Insel nicht weg?

Inseln können nicht einfach wegschwimmen. Sie treiben ja nicht wie Eisberge auf dem Meer, sondern sind mit dem Grund des Meeresbodens verbunden. Denn eine Insel ist eigentlich nur ein Stück Land, das höher als der Meeresspiegel liegt und darum aus dem Wasser ragt. Manchmal verschwinden kleine Inseln, weil der Meeresspiegel steigt.

Warum liegt Norden immer oben?

Heute sind fast alle Karten so gezeichnet, dass der Norden oben liegt. Im Mittelalter zeigten noch viele Weltkarten den Osten oben an, weil dort die heilige Stadt Jerusalem liegt. Als man in Europa anfing, einen Kompass für die Orientierung zu nutzen, richtete man die Karten nach Norden aus. Unsere Erdkugel ist nämlich ein riesiger Magnet. Ein Pol liegt im Norden (Nordpol), der andere Pol im Süden (Südpol). Nach diesen Polen richtet sich die Kompassnadel aus: Sie zeigt stets nach Norden.

Wusstest du …

- dass die Erde in 180 Breitengrade und 360 Längengrade aufgeteilt ist?
- dass man auf einem Globus aber meist nur jeden zehnten Breiten- und Längengrad findet?
- dass Nordamerika und Südamerika einen Doppelkontinent bilden? Sie sind durch Mittelamerika miteinander verbunden.
- dass kein Eisbär der Erde je einen Pinguin gefressen hat? Eisbären leben nämlich in der Arktis und Pinguine in der Antarktis.

Stein auf Stein

Wie lang ist die Chinesische Mauer?

Die Chinesische Mauer ist das längste Bauwerk der Welt. Sie ist rund 6000 Kilometer lang. Wie eine riesige Schlange schlängelt sie sich durch das Land. Gebaut wurde sie vor langer Zeit von den alten Chinesen. Mit der Mauer wollten sie sich vor räuberischen Reiterstämmen schützen.

Wieso hatten Burgen eine Zugbrücke?

Burgen sollten die Burgbewohner gegen Feinde schützen. Die Angreifer sollten möglichst erst gar nicht zum Eingang der Burg gelangen. Darum war eine Burg häufig von einem breiten Wassergraben umgeben. Über den Graben führte eine Zugbrücke, die bei Gefahr einfach hochgezogen werden konnte. Jetzt war die Burg von außen nicht mehr zu erreichen. Als zusätzliche Sperre war vor dem Burgtor meist noch ein Fallgitter angebracht. Bei Gefahr konnte es rasch gesenkt werden.

Wusstest du …

 dass die Chinesische Mauer zum Weltkulturerbe gehört? Sie genießt also einen besonderen Schutz.

 dass – bevor es Hochhäuser gab – die Kirchen die höchsten Gebäude in einer Stadt waren?

 dass die ersten Hochhäuser in der amerikanischen Stadt Chicago gebaut wurden?

 dass auch in Frankfurt am Main Wolkenkratzer stehen, die zu den höchsten in Europa gehören?

Warum ist der Turm von Pisa schief?

Schon nach dem Bau der ersten Stockwerke begann sich der Turm zur Seite zu neigen. Schuld war der weiche, lehmige Untergrund, auf dem er gebaut wurde. Heute ist der schiefe Turm das Wahrzeichen der italienischen Stadt Pisa. Man versucht, das Neigen des Turmes weiter aufzuhalten. Zum Beispiel wurden unter der höheren Seite des Turmes Löcher in den Boden gebohrt, damit er langsam zurückrutschen kann.

Länder der Welt

Wo ist das Land, in dem der Pfeffer wächst?

Hast du auch schon einmal jemanden dorthin gewünscht, wo der Pfeffer wächst? Weil du ihn einfach nicht mehr sehen wolltest? »Wo der Pfeffer wächst« – das ist wirklich ganz schön weit weg. Der Pfeffer liebt nämlich die Sonne. Er wird auf der Insel Madagaskar und in Indien, Indonesien und Malaysia angebaut.

Hat jedes Land eine eigene Flagge?

Ja, jedes Land hat eine eigene Flagge. Mit der Nationalflagge drückt ein Land aus, dass es sich von anderen Ländern unterscheidet. Denn jedes Land hat ja auch seine eigene Geschichte, seine eigene Sprache, seine eigene Musik. Die Farben der Landesflaggen nennt man auch Nationalfarben.

Kann man Grenzen sehen?

Man unterscheidet verschiedene Arten von Grenzen, zum Beispiel kulturelle, politische oder natürliche Grenzen. Natürliche Grenzen sind Wüsten, Berge oder Flüsse. Die kannst du gut sehen! Politische Landesgrenzen sind dagegen nur gedachte Linien. Manchmal zeigen Grenzsteine, Schranken oder andere Markierungen an, wo die Grenze verläuft. Auch unterschiedliche Religionen oder Sprachen können Länder trennen. Das siehst du nicht unbedingt, aber du hörst oder merkst es.

Wusstest du …

- dass Russland das größte Land der Erde und der Vatikan das kleinste Land der Erde ist?
- dass nicht nur Länder, sondern auch Städte, Gemeinden und viele Organisationen eine eigene Flagge haben?
- dass man die farbigen Schranken an den Grenzen Schlagbäume nennt?

Sprachen

Wer hat das Alphabet erfunden?

Vor etwa 3600 Jahren entstand im Nahen Osten das erste Alphabet. Es hatte 22 Buchstaben. Durch seefahrende Kaufleute erfuhren dann auch andere Völker von dieser tollen Erfindung. Seinen Namen hat das Alphabet von den Griechen bekommen. Im Griechischen heißen nämlich die ersten beiden Buchstaben Alpha und Beta.

Warum spricht man in Europa nicht europäisch?

Eine europäische Sprache gibt es nicht. Die Menschen in Europa sprechen ganz verschiedene Sprachen, zum Beispiel Deutsch, Englisch, Französisch, Spanisch oder Polnisch. Es gibt in Europa etwa 120 verschiedene Sprachen. Die am meisten verbreitete Sprache in Europa ist Englisch.

Haben alle Sprachen die gleichen Wörter?

Auf der Welt gibt es viele tausend Sprachen. Und alle Sprachen bestehen aus unzähligen Wörtern. Das sind aber nicht genau die gleichen Wörter. Denn die Wörter, die in einer Sprache vorkommen, sind von der Umgebung abhängig, in der die Menschen leben. So haben die Bewohner der Arktis viele verschiedene Wörter, um Schnee richtig zu beschreiben. Die Tuareg, die in der Wüste leben, haben dagegen etliche Wörter für Sand.

Wusstest du ...

 dass andere Sprachen unterschiedlich viele Zeichen in ihrem Alphabet haben? Die griechische Schrift hat 24 Buchstaben, die russische Schrift sogar 33!

 dass es in der chinesischen Sprache keine Buchstaben gibt? Hier verwendet man Schriftzeichen für die Worte.

 dass wir große und kleine Buchstaben benutzen, um leichter lesen zu können?

Musik

Hat jedes Volk ein Volkslied?

Jedes Volk hat neben einer gemeinsamen Geschichte und Kultur auch seine eigenen Lieder. Es sind Lieder zum Einschlafen, zum Mutmachen oder Lieder, die die eigene Geschichte erzählen. Volkslieder geben Auskunft über das, was die Menschen denken oder früher dachten.

Warum hat die Gitarre in der Mitte ein Loch?

Das kreisrunde Loch in der Mitte einer Gitarre heißt Schallloch. Es sorgt dafür, dass der Schall aus der Gitarre nach draußen dringt. Ohne Schallloch wäre der Klang der Gitarre viel leiser. Auch andere Saiteninstrumente wie Geigen haben ein Schallloch.

Wie kommt die Musik ins Radio?

Jede Radiosendung beginnt mit einer Aufnahme. Sprache, Musik und Geräusche werden von einem Mikrofon eingefangen und in elektrische Signale umgewandelt. Von Sendemasten aus wird das Radioprogramm gleichmäßig in alle Richtungen ausgestrahlt. So wie sich Wellen in einem Teich, in den du einen Stein geworfen hast, ringförmig ausbreiten, so strahlen auch die Radiowellen aus. Euer Radio empfängt sie und wandelt sie wieder in Sprache, Musik und Geräusche um.

Wusstest du …

 dass Musik schlau macht? Kinder, die Musik machen, können sich meist besser konzentrieren und lernen leichter.

 dass du nicht unbedingt ein Instrument brauchst, um Töne entstehen zu lassen? Auch mit deiner eigenen Stimme kannst du Musik machen.

 dass Musik uns berührt? Musik kann uns aufheitern oder auch traurig machen.

 dass Menschen schon seit Jahrtausenden Musik machen?

Bräuche

Wieso bringt der Hase die Ostereier?

So genau weiß das heute niemand mehr. Er macht das erst seit ungefähr 400 Jahren. Vorher haben verschiedene Tiere die Eier gebracht: der Hahn oder der Fuchs in Deutschland, der Kuckuck in der Schweiz und der Storch im Elsass. Vielleicht wurde dann der Hase ausgewählt, weil er ein sehr fruchtbares Tier ist?

Weshalb fahren Engländer auf der linken Seite?

Der Linksverkehr in England stammt noch aus der Zeit der Ritter. Diese hielten damals ihre Pferde mit der linken Hand am Zügel. Das Schwert führten sie mit der rechten Hand. Darum ritten sie immer auf der linken Wegseite, um einen Angreifer mit dem Schwert gut abwehren zu können. Und diese Regelung wurde einfach nie verändert. Auch in anderen Staaten wie Japan, Australien und Neuseeland fährt man auf der linken Seite.

Tragen Schotten wirklich Röcke?

Warum sollen denn nur Mädchen und Frauen Röcke tragen? In Schottland tragen viele Jungs und Männer zu besonderen Anlässen Schottenröcke. Man nennt sie Kilts. Das ist für sie so etwas wie ein Sonntagsanzug. Das Karomuster der Kilts heißt Tartan. Früher hatte jeder schottische Clan (große Familie) sein eigenes Muster.

Wusstest du ...

 dass der Schottenrock eine Art Wickelrock ist?

 dass die Kinder an Halloween rufen: »Trick or Treat« (Streiche oder Süßes)?

 dass Ostern das älteste christliche Fest ist? Die Christen feiern an Ostern die Auferstehung Jesu.

 dass man Karneval bei uns auch »die fünfte Jahreszeit« nennt?

 dass man früher in der Fastenzeit vor Ostern keine Eier essen sollte? Zu Ostern schmeckten sie dann umso besser!

Märchen & Sagen

Sind Märchen wahr?

In Märchen gibt es Drachen, Zauberer, Riesen und sprechende Tiere. Auch wenn sie mit »Es war einmal …« anfangen, sind Märchen also erfundene Geschichten und nicht wahr. Darum sagen wir manchmal auch, dass etwas »wie im Märchen« war, wenn wir etwas besonders Schönes oder Unglaubliches erlebt haben.

Warum gehen Märchen meistens gut aus?

Märchen zeigen die Welt meist in einfachen Gegensätzen: Dummheit und Klugheit, Reichtum und Armut, Gutes und Böses. Am Ende siegt fast immer das Gute. Das Böse wird schließlich besiegt. Märchen wollen Orientierung und Hoffnung bieten. Sie wollen uns sagen: Wenn du dich für das Gute einsetzt, wirst du am Ende dafür belohnt.

Weshalb gibt es genau sieben Zwerge?

Hast du eine Lieblingszahl? Vielleicht ist es ja sogar die Sieben. Diese Zahl wird dir auf jeden Fall oft begegnen: Es gibt sieben Wochentage, sieben Weltwunder, Verliebte schweben im siebten Himmel. Im Märchen gibt es die sieben Zwerge oder das tapfere Schneiderlein, das sieben Fliegen auf einen Streich erlegt. Manche Zahlen sollen eine besondere, eine magische Bedeutung haben. Schon seit Tausenden von Jahren ist die Sieben für viele Menschen solch eine ganz besondere Zahl.

Wusstest du …

- dass Sagen im Gegensatz zu Märchen auf einer wahren Begebenheit beruhen?
- dass früher, in den Zeiten ohne Fernseher und Radio, die Geschichtenerzähler für Unterhaltung sorgten?
- dass jedes Volk auf der Erde Märchen erzählt?
- dass von Autoren neu geschriebene Märchen »Kunstmärchen« heißen?

Sprichwörter

Wie viel geht auf eine Kuhhaut?

Angenommen, du erzählst deiner Mutter eine unglaubliche Geschichte nach der anderen. Irgendwann sagt sie: »Hör bitte auf! Du plapperst so viel, das geht ja auf keine Kuhhaut!« Wieso Kuhhaut? Im Mittelalter glaubte man, der Teufel würde alle Sünden eines Menschen auf eine Kuhhaut schreiben. Hatte jemand ganz viel Unfug angerichtet, war selbst die größte Kuhhaut bald vollgeschrieben. Heute bedeutet der Spruch: Das ist jetzt einfach zu viel!

Wie kommt die Ente in die Zeitung?

Ist eine Zeitungsente eine Ente, von der in der Zeitung berichtet wurde? Weil sie vielleicht im Tauchen gewonnen hat? Oder ist es etwa eine aus Zeitungspapier gefaltete Ente? Alles ganz falsch! Als Zeitungsente bezeichnet man eine Falschmeldung. Harry Potter heiratet Bibi Blocksberg: Das ist eine Falschmeldung!

Können Hühner wirklich lachen?

»Da lachen ja die Hühner« – sagt man manchmal. Aber hast du schon einmal Hühner lachen sehen? Es gibt Tiere, die lachen wirklich. Zum Beispiel die Affen. Aber Hühner lachen nicht, sie gackern. Ihr Gegacker hört sich so ähnlich an wie das menschliche Lachen. Daher kommt diese Redewendung.

Wusstest du …

 dass man mit Speck gar nicht so gut Mäuse fangen kann? Die meisten Mäuse mögen viel lieber Nüsse, Früchte oder hartes Brot.

 dass viele bekannte Sprichwörter aus der Bibel stammen?

 dass sich in einem Sprichwort meist eine alte Erfahrung ausdrückt? Zum Beispiel, dass sich Kinder oft ähnlich verhalten wie ihre Eltern. Darum sagt man auch: »Der Apfel fällt nicht weit vom Stamm«.

Rätsel des Alltags

Wieso ist der Flummi aus Gummi?

Warum klebt der Kleber nicht in der Tube fest?

Wer macht das Licht im Kühlschrank an?

Kleidung

Wie funktioniert ein Reißverschluss?

Ein ganz wichtiges Teil am Reißverschluss ist der Schieber. Wenn du diesen hochziehst, greifen die Häkchen auf beiden Seiten des Reißverschlusses ineinander, verhaken sich und bleiben fest. Die Jacke ist zu. Wenn du den Schieber herunterziehst, gehen die Häkchen wieder auf. Jetzt kannst du die Jacke ausziehen.

Wieso ist mir in dunkler Kleidung schneller heiß?

Wenn du im Sommer ein schwarzes T-Shirt anhast, kann dir tatsächlich schnell zu warm werden. Denn dunkle Farben können die Sonnenwärme besser speichern. Das liegt daran, dass dunkle Farben das Sonnenlicht kaum reflektieren, also zurückwerfen. Helle Farben dagegen speichern nicht so viel Wärme. Sie reflektieren viel mehr Sonnenstrahlen. Deshalb fühlst du dich an einem heißen Sommertag in einem weißen T-Shirt bestimmt viel wohler.

Wo kommt die Wolle für meinen Pulli her?

Wolle stammt meist vom Fell der Schafe. Die Tierhaare werden gewaschen, gefärbt und getrocknet. Nun werden sie zu langen Wollfäden gesponnen, aus denen Stoffe gewebt werden können. Baumwolle aber wächst auf Sträuchern. Hier werden die Pflanzenfasern zu Garn verarbeitet.

Wusstest du …

 dass auch auf Autobahnen das Reißverschluss-Verfahren eingesetzt wird? Bei Staus sollen sich die Autos dann von der einen Seite nach und nach auf die andere Seite einfädeln.

 dass sich die Menschen früher Kleidung aus Tierfellen machten? Die Fellkleidung schützte sie vor Sonne, Kälte, Regen und Verletzungen.

 dass sich die Mode ständig verändert? Man muss aber nicht jede Mode mitmachen!

Spielzeug

Warum kommt der Bumerang zurück?

Richtig geworfen saust ein Bumerang blitzschnell durch die Luft. Und wenn er sein Ziel verfehlt und nirgendwo anstößt, kommt er im großen Bogen zu seinem Werfer zurück. Das liegt daran, dass er eine ganz bestimmte gebogene Form hat. Die meisten Bumerange sind deshalb krumm wie eine Banane.

Weshalb brummt der Brummkreisel?

Je schneller sich der Kreisel dreht, desto lauter »brummt« er. Denn in dem Kreisel sind kleine Löcher. Durch diese Löcher strömt dann die Luft und lässt Metallzungen summen, die innen im Kreisel sind. Auch in einer Mundharmonika sind feine Metallzungen, die zu schwingen beginnen, wenn du hineinbläst.

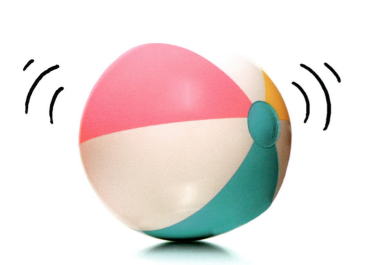

Böööh...

Wie funktioniert ein Jo-Jo?

Wenn du deine Hand geschickt bewegst, klettert das Jo-Jo an seiner Schnur nach oben und nach unten. Es kommt immer wieder hoch, weil es Schwung hat. Hältst du deine Hand ganz still, klettert es aber nicht mehr so hoch. Bis es faul liegen bleibt. Das Jo-Jo verliert beim Abrollen nämlich Energie. Lässt du das Jo-Jo jedoch nicht einfach abrollen, sondern gibst ihm zusätzlichen Schwung durch den Ruck deiner Hand, saust es wieder die Schnur bis nach oben.

Wusstest du …

- dass der Bumerang früher eine Waffe war? Die Ureinwohner Australiens verwendeten das Wurfholz beim Jagen.
- dass man im Weltall nicht mit Jo-Jos spielen kann? Da dort keine Erdanziehungskraft herrscht, »weiß« das Jo-Jo nicht, wo oben und unten ist.
- dass der 6. Juni in Amerika als »Jo-Jo-Tag« gilt? Viele amerikanische Kinder und Jugendliche treffen sich an diesem Tag zu Jo-Jo-Wettbewerben.

Stifte & Papier

Wie kommt die Mine in den Bleistift?

Für Bleistifte und Buntstifte werden die Minen zwischen zwei Holzbrettchen mit Rillen gelegt. Die Holzbrettchen werden dann zusammengeklebt. Eine Maschine schneidet jetzt daraus die runden Stifte. Schau genau hin: Oft kann man noch sehen, wo der Stift zusammengeklebt ist.

Wieso wird zerknülltes Papier nicht wieder glatt?

Heute wird Papier fast immer aus Holz hergestellt. Manchmal kann man die einzelnen Holzfasern sogar sehen. Wenn du Papier vorsichtig biegst, passiert noch nichts. Doch wenn du das Papier zerknüllst, brechen die kleinen Holzfasern durch. Sie sind dann kaputt. Jetzt hilft auch kein Bügeln oder Pressen mehr: Das Papier wird nicht mehr glatt!

Warum kann man Kugelschreiber nicht wegradieren?

Bleistifte sind echt klasse: Wenn man doch einmal etwas falsch geschrieben hat, kann man einfach alles wegradieren. Das funktioniert bei Kugelschreibern nicht. Sie enthalten als Schreibmittel eine Paste. Diese Paste lässt sich nicht wegradieren. Und außerdem verblasst sie nicht. Man sagt, sie ist dokumentenecht. Über eine rollende Kugel wird die Paste auf das Papier aufgetragen. Kugelschreiber haben gegenüber Bleistiften aber auch einen großen Vorteil: Man muss sie überhaupt nicht anspitzen!

Wusstest du …

- dass die größte Buntstiftfabrik der Welt in Brasilien steht? Hier werden täglich bis zu fünf Millionen Stifte hergestellt.
- dass die Chinesen das Verfahren zur Papierherstellung mehrere Jahrhunderte lang streng geheim hielten?
- dass ein Bleistift umso weicher und schwärzer schreibt, je mehr Graphit in dem Stift steckt?

Klebriges

Warum ist Zucker klebrig?

Zucker besteht aus kleinen weißen Körnchen, den Zuckerkristallen. Diese Körnchen können ihre Form verändern. Kommen sie mit Feuchtigkeit in Verbindung, lösen sie sich auf und werden klebrig. Zucker klebt also nur, wenn er nass gemacht wird. Unsere Handflächen geben ja auch Feuchtigkeit ab. Darum klebt Zucker an den Fingern. Zucker kannst du beim Backen auch als Kleber verwenden, den du sogar essen kannst! Hast du schon einmal ein Lebkuchenhaus gebaut mit Zuckerguss?

Wie kleben Briefmarken?

Viele Briefmarken musst du mit der Zunge ablecken, damit sie kleben. Sie haben auf der Rückseite eine dünne Schicht Klebstoff. Man sagt, sie sind gummiert. Dieser Kleber ist wasserlöslich. Er wird erst klebrig, wenn du ihn befeuchtest. Andere Briefmarken kleben wie Sticker: Einfach abziehen und aufkleben.

Wieso klebt der Kleber nicht in der Tube fest?

Der Klebstoff klebt auch in der Tube, aber er wird nicht hart. Klebstoff braucht nämlich Luft, um fest zu werden. Lässt du die Tube allerdings offen, kommt Luft an den Klebstoff und nach kurzer Zeit klebt oben an der Öffnung alles zu. Also immer dran denken: Nach dem Gebrauch den Deckel wieder auf die Tube drehen!

Wusstest du ...

 dass die Menschen früher das Harz von Tannenbäumen als Kleber benutzt haben?

 dass heute in den meisten Klebstoffen keine Baumharze mehr sind, sondern künstliche Harze? Diese kleben nicht nur besser, sie halten auch viel länger.

 dass viele Kleber schädliche Lösungsmittel enthalten? Deshalb gibt es extra Klebstoff für Kinder, der lösungsmittelfrei und ungiftig ist.

In der Küche

Wer macht das Licht im Kühlschrank an?

Wenn du den Kühlschrank öffnest, geht das Licht an. Schließt du ihn, geht es wieder aus. Wer es wohl ausknipst? Etwa die Tomate? Nein, das Licht schaltet sich automatisch aus, sobald die Tür geschlossen wird. Die Tür drückt beim Zuklappen auf einen Schalter und schon ist es dunkel im Kühlschrank!

Wie wird die Suppe in der Mikrowelle heiß?

Im Innern der Mikrowelle werden Wellen erzeugt, sogenannte Mikrowellen. Du kannst sie weder sehen noch hören oder fühlen. Die Mikrowellen erhitzen das Wasser im Essen, also auch in deinem Reis. Damit der Reis gleichmäßig warm wird, steht er auf einem Drehteller.

Wie kommt die Kälte in den Gefrierschrank?

Dazu musst du wissen: Flüssigkeit, die verdampft, entzieht ihrer Umgebung Wärme. In einem Kühlschrank und auch in einem Gefrierschrank fließt ein Kältemittel. Das Kältemittel verdampft und entzieht dabei dem Innenraum die Wärme: In den Geräten wird es kalt. Das Kältemittel verflüssigt sich wieder und der Kühlkreislauf beginnt von neuem. Die entzogene Wärme wird über die Rückwand nach außen abgegeben. Darum ist es hinter dem Kühlschrank oder dem Gefrierschrank oft ziemlich warm.

Wusstest du ...

- dass viele Geräte für den Haushalt erst in den letzten 100 Jahren erfunden wurden?
- dass früher die Menschen ihre Lebensmittel frisch hielten, indem sie diese in Eis lagerten?
- dass Mikrowellen nur Wasser erwärmen? Darum bleiben Gegenstände ohne Wasser (wie das Geschirr) kalt.

Seife

Weshalb macht Seife sauber?

In einem Stück Seife sind Bestandteile mit einem ganz komischen Namen: die Tenside. Diese Tenside kriechen unter den Schmutz und lösen ihn von der Haut. Dann umzingeln die Tenside das Schmutzteilchen und schwimmen mit ihm im Wasser. Und deine Finger sind wieder sauber!

Wieso platzen Seifenblasen?

Irgendwann gehen auch die schönsten Seifenblasen kaputt. Wie schade! Das passiert zum Beispiel, wenn sie an ein Hindernis stoßen. Aber die meisten Seifenblasen platzen nach einer Weile von ganz allein. Ihre Haut besteht aus zwei Seifenschichten. In der Mitte ist eine dünne Schicht aus Wasser. Und das Wasser zwischen den beiden Seifenschichten fließt aufgrund der Schwerkraft langsam immer weiter nach unten. Dadurch wird die Seifenblase oben immer dünner, bis sie schließlich reißt.

Warum ist Schaum immer weiß?

Wenn du genau hinschaust, wirst du sehen, dass der Schaum gar nicht weiß ist! Zumindest die einzelne Schaumblase nicht, denn die ist durchsichtig. Je mehr Blasen da sind, desto weißer wirkt der Schaum. Das einfallende Licht kann dann nicht mehr durch den Schaum hindurchleuchten.

Wusstest du …

- dass du Wasser bewegen musst, um Schaum zu erhalten? Lässt du die Seife einfach nur ins Wasser plumpsen, gibt es auch keinen Schaum.
- dass nicht nur in Seifen, sondern auch in Spül- und Waschmitteln Tenside vorkommen? Das steht auch auf der Verpackung. Findest du es?
- dass es Seife schon sehr lange gibt? Früher konnten sich nur wohlhabende Menschen Seife leisten.

Erfindungen

Wie kommt die Zahnpasta in die Tube?

Zahnpasta wird von hinten in eine leere Tube eingefüllt. Dann wird die Tube zugefalzt, also fest verschlossen. Es gibt Zahnpasta mit bunten Streifen. Diese entstehen im Tubenausgang. In der Tube liegen die Streifen noch frei nebeneinander. Erst beim Drücken werden sie durch kleine Röhrchen gepresst und heraus kommt die Streifen-Zahnpasta.

Werden Computer immer winziger?

Computer werden immer kleiner, leichter und schneller. Der erste Computer, der 1941 von Konrad Zuse gebaut wurde, war noch so groß wie ein Wohnzimmerschrank. Außerdem war er tonnenschwer, laut, teuer und nicht gerade der Schnellste. Heute sind viele Computer so klein, dass du sie einfach in die Tasche stecken und mitnehmen kannst. Das liegt daran, dass die Computer-Bauteile immer kleiner und leistungsfähiger werden.

Wer hat die Ampel erfunden?

Vor rund 100 Jahren wurde die erste elektrische Verkehrsampel in Amerika gebaut. Erfunden hatte sie ein amerikanischer Polizist. Ganz am Anfang stand oben in der Ampel noch ein Polizist. Er musste die Ampel selbst bedienen, da sie noch nicht automatisch umschaltete.

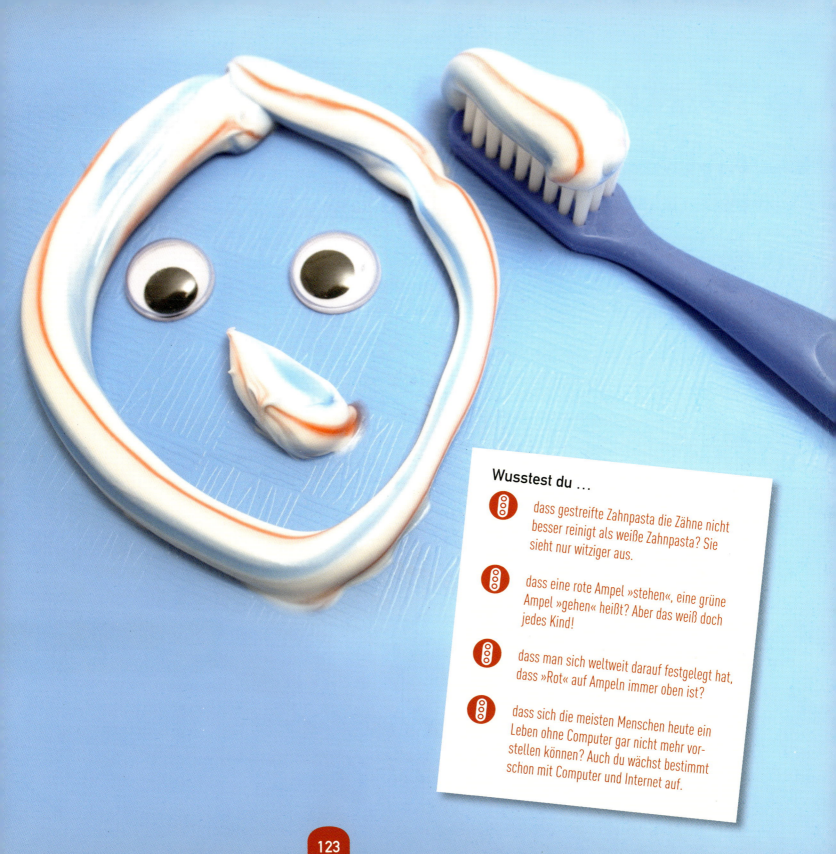

Wusstest du …

- dass gestreifte Zahnpasta die Zähne nicht besser reinigt als weiße Zahnpasta? Sie sieht nur witziger aus.

- dass eine rote Ampel »stehen«, eine grüne Ampel »gehen« heißt? Aber das weiß doch jedes Kind!

- dass man sich weltweit darauf festgelegt hat, dass »Rot« auf Ampeln immer oben ist?

- dass sich die meisten Menschen heute ein Leben ohne Computer gar nicht mehr vorstellen können? Auch du wächst bestimmt schon mit Computer und Internet auf.

Materialien

Wo steckt überall Plastik drin?

Ein Leben ohne Plastik ist kaum noch möglich. Du findest Plastik zum Beispiel in Handys, Joghurtbechern, Wasserflaschen, Zahnbürsten und in vielen Spielsachen. Plastik ist billig, leicht zu färben und zu formen. Aber Plastik hat auch Nachteile: So verrottet es nur sehr langsam. Es kann bis zu 500 Jahre dauern, bis sich Plastikmüll zersetzt hat.

Wieso ist der Flummi aus Gummi?

Weil Gummi ein sehr elastisches Material ist, können Flummis besonders hoch springen. Wirfst du einen Flummi auf den Boden, wird er eingedrückt. Er verformt sich. Dann nimmt der Flummi wieder seine Kugelform an, stößt sich dabei vom Boden ab und springt hoch in die Luft.

Warum ist Glas durchsichtig?

In undurchsichtigen Stoffen wie Eisen oder Stahl herrscht ein richtiges Chaos. Winzige Teilchen, die Elektronen, schwirren pausenlos wild durcheinander. Fällt auf diese Stoffe ein Lichtstrahl, stößt er an die Elektronen und findet nicht mehr hinaus. Er wird »geschluckt«. Bei Glas ist das anders. Hier geht jedes Elektron eine Verbindung mit einem anderen Teilchen ein. Es entstehen winzige Hohlräume, durch die das Licht ungehindert durchdringen kann. Erst durch das Licht wird Glas durchsichtig.

Wusstest du ...

- dass Milchglas keine Milch enthält? Es hat seinen Namen von seiner »milchigen« Farbe.

- dass man Kunststoffe wiederverwerten kann? Darum sammeln wir Gegenstände aus Kunststoff in der gelben Tonne.

- dass Legosteine auch aus Plastik sind? Das Wort »Lego« setzt sich aus den dänischen Wörtern »leg godt« zusammen. Auf Deutsch bedeutet das »spiel gut«.

Register

A
Alphabet 98, 99
Ampel 123
Angst 24, 25
Apfel 41
Augen 8, 9, 20, 77

B
Banane 40, 41
Beulen 19
Bienen 52, 53
Bleistifte 114, 115
Blut 22, 23
Bräuche 102, 103
Breitengrade 92, 93
Briefmarken 116
Brot 38, 39
Brummkreisel 112
Buchstaben 99
Bumerang 112, 113
Buntstifte 114, 115
Burgen 94

C
Chinesische Mauer 94
Cola 43
Computer 122, 123

D
Drachen 81

E
Echo 78
Eichhörnchen 62, 63
Eier 34, 35, 102, 103
Eis 30
Enten 107
Erde 90, 91
Erfindungen 122, 123
Ernährung 28
Essgewohnheiten 28, 29
Europa 99

F
Farben 70, 71
Fische 64, 65
Flaggen 96, 97
Flummi 124

G
Gähnen 14
Gase 72, 73
Gefrierschrank 118
Gelatine 30, 31
Gemüse 40, 41
Getränke 42, 43
Gitarre 100
Glas 124, 125
Globus 92, 93
Glühwürmchen 49
Grenzen 96, 97

H
Halloween 103
Hasen 102
Hefeteig 38
Hochhäuser 94
Honig 52, 53
Hören 8, 9
Hühner 107

I, J
Inseln 92
Jo-Jo 113

K
Kalt 74, 75, 118
Karneval 103
Käse 36, 37
Kaugummi 31
Kitzeln 12, 13
Klebriges 116, 117
Kleidung 110, 111
Knabberzeug 32, 33
Kohlensäure 42, 43
Kompass 93
Körpergeräusche 16, 17
Krabbeltiere 48, 49
Küche 118, 119
Kugelschreiber 115
Kühlschrank 118
Kühe 54, 55, 106

L
Lachen 20, 21
Länder 96, 97
Längengrade 92, 93
Laut 78, 79
Legosteine 125
Leise 78, 79
Licht 76, 77
Linksverkehr 102
Luft 72, 73

M
Maikäfer 48
Märchen 104, 105
Marienkäfer 48, 49
Materialien 124, 125
Messen 86, 87
Mikrowelle 118, 119
Milch 42, 55
Musik 100, 101
Muskeln 19

N
Nacht 76, 77
Nase 11, 23

O
Obst 40, 41
Ohren 8, 9, 79
Ostern 102, 103

P
Papier 114, 115
Pflanzen 46, 47
Planeten 90, 91
Plastik 124, 125
Popcorn 32, 33

Q, R
Radio 101
Regenbogen 70
Reißverschluss 110, 111
Riechen 10, 11
Ritter 102

S
Sagen 104, 105
Salat 41
Salzstangen 33
Schafe 58, 59, 111
Schall 78, 79
Schaum 121
Schlafen 14, 15
Schluckauf 16
Schmecken 10, 11
Schmerzen 18, 19
Schneeflocke 75
Schokolade 10
Schottenrock 103
Schweine 56, 57
Schwerkraft 80, 81, 91

Sehen 8, 9
Seife 120, 121
Seifenblasen 120
Sonne 90, 91
Spiegelbilder 82, 83
Spielzeug 112, 113
Sprachen 98, 99
Sprichwörter 77, 96, 106, 107
Stifte 114, 115
Süßes 30, 31

T
Tag 76, 77
Tausendfüßer 49
Töne 79
Tränen 20
Träumen 14, 15
Turm von Pisa 95

U
Uhrzeit 84, 85
Urin 22, 23

V
Vögel 50, 51
Völker 100

W
Waage 87
Wackelpudding 30

Warm 74, 75
Wasser 68, 69, 74, 82
Weinen 20, 21
Wolle 59, 111
Wörter 98

X, Y, Z
Zählen 86, 87, 104
Zahnpasta 122, 123
Zeit 84, 85
Zeitung 107
Ziegen 60, 61
Zucker 116

Abbildungsnachweis

bigstockphoto.com: 10/Gosphotodesign, 47/Derek Gordon 2009, 49/Kingafoto, 70/tobkatrina **Colourbox. Berlin**: 64/65 **Corbis GmbH. Düsseldorf**: 46/Scott Sinklier/AgStock Images **dpa Picture-Alliance. Frankfurt**: 42/43/Bildagentur-online, 62/63/Wildlife **fotolia.com**: 20/kids.4picture, 26 l.o., 27 M./unpict, 28/Paul Schwarzl, 31 u., 38/39/Wanja Jacob, 41/Pixel66, 45 r.u./Yantra, 88 o./AlexMax, 89 l./Samuel Borges, 92/93/Kristian Sekulic, 100 M./Paul Avai, 108 o./Alex Staroseltsev, 112 u.r./Almut Müller, 112 r./Alex Staroseltsev, 123/Yantra, 125 r./Nicole Effinger **istockphoto.com**: 6 u./Rouzes, 19/Jakob Schäfer, 32/33 o./mattjeacock, 48/Eric Isselée, 48/49/arlindo71, 56/57/Anatoli Tsekhmister, 66 u./murat Sen, 66 o.r., 67 o.l., 67 o.r./Sergey Panteleev, 73/Sandra Layne, 78/binagel, 80/81/Ludger Vorfeld, 84/Mark Stay, 89 r.o./Suzannah Skelton, 89 r.u./burak pekakcan, 97/Duncan Walker, 98/selimaksan, 99, 100 l./Yam, 101/Andreas Herpens, 120/121/Dejan Ristovski **Juniors Tierbildarchiv. Hamburg**: 50/51 **Mauritius Images. Mittenwald**: 25/SHOOT, 61/Alamy, 83/AGE, 87/Paula Ludwig, 103/Steve Vidler, 111/Fancy, 119/Alamy **pantherMedia**: 15/Carlos Caetano, 22/Torsten Tracht, 54/55/Shvadchak Vasyl, 58/59/Angela Mahler, 124/Gaby Koojman **photocase.com**: 105/München **shutterstock.com**: 7 o.r./Skocko, 7 o.l./Richard Sargeant, 7 u./Zurijeta, 8 l./Denis Nata, 8 r./Mikhail Pozhenko, 9/Khannanova Margarita, 11/Sergio33, 12/13/Zurijeta, 17/Serhiy Kobyakov, 18/auremar, 26 r./naluwan, 26 l.o./Vo, 27 u./Emilia Stasiak, 27 o./Africa Studio, 28/29/Your lucky photo, 29 u./CLM, 29 o./Eduardo Alexandre Piccoli Rocha, 31 o./Madlen, 32/33 u./Olgysha, 34 l./Elena Schweitzer, 34 r./Selena, 35 l./Valentina_S, 35 r./Fotoline, 36/Emilia Stasiak, 36/37, Valentyn Volkov, 39 r./Seroff, 39 o./Yeko Photo Studio, 40/Dmitriy Shironosov, 44 u./Mikhail Melnikov, 44 o./Eric Isselée, 45 r.o./Eric Isselée, 45 o./craig hill, 45 l./Kuttelvaserova, 48/irin-k, 49/USBFCO, 49/Mushakesa, 52/53/LilKar, 66 o.l./Skobrik, 67 u./YuryImaging, 68/Zurijeta, 71/Leigh Prather, 74/pio3, 75/Rene Jansa, 76/77/James Thew, 84/85/iofoto, 85 o./Mario Lopes, 90/Ali Ender Birer, 95/Gorilla, 106/aleks.k, 106 u./VladisChern, 108 u./Leah-Anne Thompson, 109 r.o./Dmitry Bomshtein, 109 o./knotsmaster, 109 r.u./Valeriy Velikov, 109 l./IKO, 110 l./Eric Isslée, 110 r./Meelis Endla, 112 l./joppo, 112 u.l., 112/113/Charles Taylor, 114/115/Loskutnikov, 116/117/Cheryl Casey, 125 u./Losevsky Pavel **SXC. Stock.SCHNG**: 113 r.o./Sarah **thinkstockphotos.de/Getty Images**: 21/BananaStock, 30/Hemera, 79, 100/101/Photodisc, 102/Comstock Images **wissenmedia. Gütersloh**: 6 o.

Abbildung auf dem Einband: fotolia.com/tan4kik